―― 一橋大学経済研究叢書 30 ――

松田芳郎著

データの理論

―― 統計調査のデータ構造の歴史的展開 ――

岩波書店

経済研究叢書発刊に際して

　経済学の対象は私たちの棲んでいる社会である．それは，自然科学の対象である自然界とはちがって，たえず変化する．同じ現象が何回となく繰返されるのではなくて，過去のうえに現在が成立ち，現在のうえに将来が生みだされるという形で，社会の組立てやそれを支配する法則も，時代とともに変ってゆくのが普通である．したがって私たちの学問も時代とともに新しくなってゆかねばならぬ．先人の業績を土台として一つの建造物をつくりあげたと思った瞬間には，私たちは新しい現実のチャレンジを受け，時には全く新しい問題の解決をせまられるのである．

　いいかえれば経済学者は，いつも摸索し，試作し，作り直すという仕事を，性こりもなく続けなければならない．経済研究所の存在意義も，この点にこそあると思われる．私たちの研究所も，一つの実験の場である．あるいは，所詮完全なものとはなりえない統計を，すこしでも完全なものに近づけることに努力したり，あるいは，その統計を利用して現実の経済の動きの中に発展の法則を発見しようとしたり，あるいは，分析の道具そのものをみがくことに専念したり，あるいは，外国の経済の研究をとおして日本経済分析のための手がかりとしたり，あるいは，先人のきわめようとした原理を追求することによって今日の分析のための参考としたり，私たちの仕事はきわめて多岐にわたる．こうした仕事の成果を，その都度一書にまとめて刊行しようというのが本叢書の趣旨にほかならない．ときには試論の域を出でないものがあるとしても，それは学問の性質上，同学の方々の鞭撻と批判を受けることの重要さを思い，あえて刊行を躊躇しないことにした．ねがわくば，読者はこの点を諒承していただきたい．

　本叢書は，一橋大学経済研究所の関係者の筆になるものをもって構成する．必らずしも定期の刊行は予定していないが，一年間に少なくとも三冊は上梓のはこびとなろう．こうした専門の学術書は，元来その公刊が容易でないのだが，

私たちの身勝手な注文を心よくききいれて出版の仕事を受諾された岩波書店と，研究調査の過程で財政的な援助を与えられた東京商科大学財団とには，研究所一同を代表して，この機会に深く謝意を表したい．

1953年8月

一橋大学経済研究所所長
都　留　重　人

は し が き

　計量経済学的分析手法が，実証的経済学の世界で市民権を得て以来，分析手法は経済理論の数学的展開と統計理論の応用という側面で急速な発展をとげてきた．これらの側面の発展に比較して，実証的であるという以上不可欠である現実の経済世界との接点としての統計データについての検討は十分であるとはいわれない．理論的に構成された概念と統計データで実際に経済世界の描写に使用する概念とがどのように対応するかは吟味されたとしても，かかるデータの精度の理論的検討を欠くならば，いかに壮大な実証分析を試みようと，それは粘土の柱の上の神殿に過ぎない．

　本書は，このデータの精度の問題を実証分析の理論的枠組のなかに取り込むための方法の検討を目的としている．そのときの分析視角は，近年の急速な電子計算機の発展に伴って注目されるようになってきた，データ構造の意味論の観点である．この立場から伝統的には「統計調査論」と呼ばれていた分野の理論の再構成を試みたのが第1部である．第二次世界大戦後の標本調査法の普及は，統計調査論を標本設計の理論に解消できるかのような印象を与えた．その結果，統計調査論を主題とする研究が非常に少なくなっている最近の潮流に対する間接的な批判を志したものである．

　かかるデータの理論を，具体的に日本の明治以降の統計調査制度の発展過程の分析に適用してみると，どのような統計調査史が描かれるかを検討したのが第2部である．ここでは統計調査の実施を必要とする社会的経済的理由の追求という通常の統計調査史分析の手法に対し，調査そのもののなかにあるデータ構造の変化を追跡しようとする分析手法によっている．もっとも統計調査史の領域は極めて多岐に互っていて，筆者のように限られた分野しか調査したことのないものが，単独で全領域を覆うことは難しい．ここでは，いわゆる近代産業の形成に伴う分野の一部についてのみ検討しており，近代産業社会化のなかで最も重要な意味を持つ農業については，ほとんど触れていない．

検討の力点は，日本の統計調査が，ヨーロッパ・アメリカなどの統計調査経験と理論の影響を受けて形成されただけでなく，日本の旧「植民地」での統計調査経験の日本「内地」の統計調査への反映という道をたどって変化してきた点を示すことと，一応の統計調査制度の完成した昭和14・15年頃のセンサス体系が，戦時体制で急速に崩壊していく過程を示すことにある．

かかる日本の統計調査制度史は，発展途上国の統計調査史を検討するときの先駆的事例であり得るし，経済成長と統計調査の発展が同時並行的に起るときに，統計調査の精度の向上が，経済成長の過程を誇大に示す可能性の具体例でもある．

このような統計調査史の検討は，過去の状況の事例研究に留らず，既存の統計データの発掘と吟味を通じて，初期の極めて単純なデータ構造の統計調査を，事後的に現在の経済理論の要求するデータ構造をもったデータとして復元することが可能かを検討する道を開くことになる．第3部は，日本の統計調査のなかで最も遅れた分野の一つである企業統計の分野について，復元調査を試みて作成したデータベースの紹介を行っている．これは，いわゆるミクロ・データ・セットの一種であり，従来歴史統計の分野で一括して推計値と呼ばれているものは，様々な次元の異った推計値の集合であり，一義的な精度の測度が示されていないという第1部での主張の具体化である．かならずしも完成された成果とはいわれないものの公表は，もしかかる試みが，筆者の考えるように意味があるものならば，類似の試みを誘発する呼び水となることを望んでいるからである．

本書の試みは，実証分析の背後にある理論化しにくい分析者のなかの技巧と熟練に依拠していると思われていることの理論化であるだけに，実証分析の手法と実態の双方とに関連しており，どこまで成功したかおぼつかないところがある．ただ懶惰な筆者をして，ともかく成稿にこぎつけることができたのは，書き下すことを強く奨められた二人による．経済学方法論の面で，山田雄三教授のゼミナール以来絶えず刺激を与えられた佐藤隆三横浜市立大学教授と，実証分析の点で啓発された前和文叢書委員溝口敏行教授である．また本書の構想

自体に，何等かの取柄があるとすれば，小樽商科大学では学生として講筵に連なり，後に同僚として過すことができた古瀬大六東北大学教授の作り出された学問的雰囲気によるところが大きい．本書の上梓が先生の華甲の賀に間に合ったのは，筆者の個人的な喜びである．日本経済統計文献センター元主任藤野正三郎教授は，第3部の筆者の試行錯誤的大規模な企業統計データベースの編成に絶えず適切な教示を与えられた．細谷新治教授は草稿全体を，佐藤隆三教授は第1部草稿を，一読のうえ種々詳細な批判をされた．ただありうべき誤りは，すべて筆者の責である．

　岩波書店では，編集部で一冊の書物の形としてまとまるように工夫を凝らして下さった．記して謝意に替えたい．

　本書は結果的には，ほとんど新たに稿を起すことになったが，部分的には，これまで筆者がさまざまな機会に公表したものを含んでいる．例えば，第1部については，
　　「実証分析の主観性の積極的意味」(理論・計量経済学会報告，1972年，於東京大学)
　　「歴史統計のデータ・バンクのデータ・ベース」(第42回日本統計学会報告，1974年，於専修大学)
　　「統計データ・バンクと原データの公開をめぐる問題」(第43回日本統計学会報告，1975年，於名古屋大学)
　　「データ構造とデータの理論——経済分析への適用」『一橋論叢』78巻1号，1977年
で部分的に公表している．本稿に書き改めるに当っては，学会報告での討論者との討論にとりわけ負うところが大きい．
　第2部については，
　　「北海道工業生産の成長測定試論」『商学討究』〔新〕15巻3号，1964年（本稿での推計作業は辺見武利氏との共同作業である．）
　　「明治中期のいわゆる「勧業」統計の制度と精度」『経済研究』27巻3号，1976年
　　「日本における旧「植民地」統計調査制度と精度について——センサス統計の形成過程を中心として」『経済研究』28巻4号，1977年
で示した事実を使用している．
　また第3部は，筆者の編集した
　　『企業統計データ・ファイル作成の試み』1976年
を中心としており，このデータベースは，野島教之・有田富美子一橋大学経済研究所助

手，大井博美日本経済統計文献センター助手，高橋益代同センター事務官などの協力を得た共同作業の結果である．またこの他，

「資本設備と資本廃棄の企業間格差」『経済研究』16巻3号，1965年

とそれに関連する一連の作業結果を使用している．

　全体を通じて，従来筆者の様々な機会に行った計量経済学的分析結果のワーク・シートを利用している．このような計量経済学的分析と，そのためのデータベース編成の作業は，単独で行えるものではなく，資料調査と，計算機にデータを入力するまでのデータ整理とそのコーディング・パンチ入力・校正という一連の単調なしかし誤りをおかせない作業にかんして多くの人々の協力を得ている．計算機処理については，各種の大学の計算センターを利用させて頂いている．

　いま，それらのすべての施設と人々を明記するわけにはいかないが，特に貴重な資料の閲覧に便宜を図って頂いた国立国会図書館・総理府統計局図書館・国立公文書館・東京商工会議所・大阪商工会議所・小樽商工会議所・札幌商工会議所；韓国国立図書館・Seoul大学経済研究所・韓国銀行図書室；国立台湾大学附属図書館；山口大学東亜研究所・宇都宮大学附属図書館・大阪市立大学附属図書館・神戸大学附属図書館・同大学経営分析文献センター・滋賀大学附属図書館・京都大学経済学部図書室・東京大学経済学部図書室・北海道大学附属図書館・小樽商科大学附属図書館・北海学園大学附属図書館・一橋大学附属図書館・同大学日本経済統計文献センターなどの図書館と経済資料協議会関係者，また共同利用施設である北海道大学大型計算機センター（特に遠隔地係とパンチ室）・東京大学大型計算機センターおよび小樽商科大学計算センター・一橋大学経済研究所計算機室については記しておかなければならない．

　それぞれの初出稿には，作業のために受けた文部省科学研究費・北海道科学研究費・青井奨学金などの研究費を明記してあるけれども，本書の取りまとめの段階で，1977年度財団法人清明会の援助と，1977・1978両年度の文部省特定研究情報システムの形成過程と学術情報の組織化の一環である「マイクロ経済データのマッチングと共用データベースの開発に関する研究」（研究代表者：倉林義正）によるところが大きい．

　原稿の浄書には，伊藤恒子・譲原洋子・小長谷文子の諸氏の手を煩わした．

　　1978年リラの候，小平の寓居にて

松　田　芳　郎

目　　次

はしがき

第1部　データ構造とデータの理論 …………………………… 1

Ⅰ　データ・バンクとデータ構造 ………………………………… 3
　1　データ・バンクとデータベース ……………………………… 3
　2　データ構造 …………………………………………………… 6
　3　データの計測単位 …………………………………………… 10
　4　事象の再現性の仮定 ………………………………………… 13

Ⅱ　統計調査とデータ ……………………………………………… 18
　1　統計調査の定義 ……………………………………………… 18
　2　調査報告単位とリスト ……………………………………… 21
　　　a) 土地　b) 人　c) 事業所・企業　d) リスト相互の関係,
　　統計調査区

Ⅲ　データ構造と作表 ……………………………………………… 27
　1　調査票とデータの構成 ……………………………………… 27
　2　地方分査と中央集査 ………………………………………… 28
　3　プライヴァシイ保護と分類集計 …………………………… 30

Ⅳ　統計調査とデータベース ……………………………………… 36
　1　集計手段の発展と統計調査の分化 ………………………… 36
　2　ミクロ・データの突き合せファイルの編成と統計改革 …… 39
　3　統計データベースの種類 …………………………………… 41
　　　3-1　加工統計とミクロ・データ・セット ………………… 41
　　　3-2　遡及的データベースの編成 ………………………… 44
　　　3-3　歴史統計データベースと復元統計調査 ……………… 46

x　　　　　　　　目　　次

　　　　　a）復元統計調査の定義　b）加工統計の誤差の測度　c）可
　　　　　塑性をもったデータ構造　d）分類概念の再検討

第2部　日本の統計調査の制度と精度 …………………… 53

Ⅰ　日本における近代統計調査制度の創出 ………………… 55

　1　日本の統計調査制度史の時代区分 ……………………………… 55
　2　調査報告基本単位リストの確定………………………………… 59
　　　　壬申戸籍と本籍人口調査　　地租改正と土地調査
　3　地方分査と統計調査所轄官庁…………………………………… 63
　4　「府県統計書」と「各省統計年報書」………………………… 67
　　　　『第二次勧業会統計部日誌』

Ⅱ　表式調査から個票調査への移行 ………………………… 74

　1　「工場統計調査」形成前史……………………………………… 74
　2　「工場統計報告」制度の成立…………………………………… 80
　3　生産統計の精度の上昇（地域例）……………………………… 81
　　　　明治37年度　　明治42年度と大正3年度　　試論的推計
　　　　残された問題点
　4　中央統計調査機構の復活………………………………………… 87

Ⅲ　日本における旧「植民地」の統計調査の制度と精度 ……… 95

　1　植民地の形成と近代統計調査制度の創出 ……………………… 95
　　　　a）植民地の形成と統計調査　b）「植民地」における報告単
　　　　位のリストの設定　c）植民地の拡大と人口センサスの実施
　2　日本「内地」のセンサス体系の完成と植民地との関連……………101
　　2-1　中央統計委員会と一元的統計調査制度 ……………………101
　　　　a）複合センサスの先駆的形態　b）「工業調査」と「商業調
　　　　査」
　　2-2　昭和14年「臨時国勢調査」………………………………106
　　　　調査結果とそのデータの諸調査との相互整合性　　旧「植

　　　　民地」における「臨時国勢調査」
　　3　戦時統計体制と敗戦 ……………………………………111
　　　3-1　資源調査令による調査 …………………………111
　　　3-2　旧「植民地」におけるセンサス体系の特質 ……113
　　　3-3　植民地の崩壊と調査結果の公表………………114
　　4　旧「植民地」統計調査の精度の例示的吟味 ……………118
　　　4-1　人口・労働力統計の精度(朝鮮・台湾) ………118
　　　　　a) 戸口調査と国勢調査　b) 工業労働者推計上の問題
　　　4-2　工業生産統計の精度(朝鮮・台湾)………………122
　　　　　a) 農商務通信規則との対応　b) 資源調査令と調査の変貌

Ⅳ　戦後の統計改革とデータベースの編成 ……………………129
　　1　占領軍の統計政策と Rice 勧告 ………………………129
　　　　a) センサス・標本調査組合せ体系の形成　b) 伝統的標準
　　　　化分類の改革　c) データ相互の完全接合体系　d) 分散型
　　　　統計機構における中央調査機関
　　2　電子計算機の発展とデータベース ……………………135
　　　　――メッシュ統計の編成とデータベース――

第3部　企業統計データベース ……………………………139

Ⅰ　企業統計データベースの設計 ………………………………141
　　1　企業統計データベースの現状 …………………………141
　　2　歴史的企業統計データベース編成の資料源 …………143
　　　2-1　日本統計制度史における企業統計の位置 ………143
　　　2-2　企業のデータ公開度とその精度 …………………146
　　　　　a)「会社統計表」の形成過程　b) 商法の施行と調査への会
　　　　　社票の導入　c) 民間調査の企業データ
　　3　歴史的企業統計データベースのデータ構造 …………153

Ⅱ　明治41年企業リスト・データ・ファイル ………………159

1　一次資料と入力データ様式 …………………………159
　　　　入力データ書式
　　2　明治末期の日本の企業構造 ……………………………161
Ⅲ　財務諸表データ・ファイル …………………………………165
　　1　リスト・データと標本データ …………………………165
　　2　勘定科目概念の会計的慣行と法制的慣行の差 ………166
　　3　財務諸表データ・ファイルのデータ構造 ……………169
　　　　マスター・ファイルの編集技法

引用・参考文献目録／付表 ………………………………………177

表　目　次

第 1 表	農商務省の府県通信委員数の変動	69
第 2 表	従業員規模別製品価額表(明治37年)	84
第 3 表	地方統計書の表章単位例	86
第 4 表	工業生産総額の調査もれの度合	87
第 5 表	中央統計機構の人員変化	88
第 6 表	公称人口と市勢調査人口との差	91
第 7 表	昭和14・15年各種センサスの従業員数対照表	108
第 8 表	昭和14年臨時センサス調査項目対照表	110
第 9 表	台湾の「国勢調査」人口の比較	118
第10表	朝鮮の世帯人員数の変動(1戸当り構成員について)	120
第11表	会社諸調査調査項目対照表	144
第12表	明治41年リスト・データの概要(企業形態別)	159
第13表	明治41年存続企業の創立時期	162
第14表	明治41年企業の資本集積の要因	163
第15表	減価償却費制度の導入状況(明治29・33年)	167
付表A	北海道の産業別生産額の推計基礎表	190
付表B	明治41年企業リスト・データ府県別・創立年代別表	192

図　目　次

第1図(i)	「会社票」記入例	75
(ii)	「製造所・工場職工調査表」および送り状	76
第2図	内地と旧「植民地」諸調査対照図	116
第3図	企業データベース構成図	155
第4図	貸借対照表勘定科目索引例	170
第5図	貸借対照表勘定科目総合要約表例	172
第6図	貸借対照表マスター・ファイル作成フロー・チャート	174

凡　　例

1. 資料・調査書名は『　』に入れて示したが，これらを収録した編纂書・再録書を含めて，一般の引用書・参考書は巻末に収録した書誌に記載した著者名と刊年の組み合せによる略記を使用した．
2. 調査名・根拠法令は「　」に入れて示した．また，総称として用いた調査書名，例えば各府県の統計書は，「府県統計書」のように「　」に入れてある．特定府県の統計書は『〔第1回〕北海道庁統計書』のように『　』に入れてある．〔　〕は筆者の補記か，そのような字句の挿入された版本のあることを示している．
3. 引用文は原文通りとしているが，使用漢字については新字体を使用している．

第1部

データ構造とデータの理論

I データ・バンクとデータ構造

1 データ・バンクとデータベース

　1930年代に入っての計量経済学的実証分析の急速な発展は，理論モデルのデータに基く統計的推計という形をとって，経済理論を実際の経済政策へ活用することを可能にした[1]．同時に，この実証分析は，実際の経済政策と結びつくことによって，データの変化に伴って，モデルの推計作業を絶えず繰り返すことが必要となってきた．またこの推計作業そのものも，1950年代には電子計算機の急速な発展に伴って，30年代には予想もつかなかった大規模なものに拡大されただけでなく，計算機の各種補助記憶装置の活用によって，推計に必要なデータを共用して行うことが可能になった[2]．

　このデータの共用は，それ以前の個別のデータ・ファイルを使用して行う作業と比較して，(i)データの即時的利用可能性と，(ii)各種のデータの組み合せと，逆に同一データの各種用途への利用という多目的利用可能性をもたらしただけではなく，(iii)計算機費用のなかで最も機械化し難く費用のかかる入力データの機械可読型データへの変換費用を軽減することを可能にした．このデータの共用を組織的に行おうという組織が，データ・バンクであり，これには，ちょうど銀行組織のように，各自の作成したデータ・ファイルを持ち寄って登録し，他人の作成したデータ・ファイルを利用するという方式から，全体的で共同に利用されることが当初から予想されている統計調査データをデータ・バンクで利用するという方式まで様々のものが考えられる[3]．

　データ・バンクの具体的組織ということになると，データも情報の一種であり，情報の伝統的共有組織としては図書館があり，欧米諸国の場合には，これをさらに全国的情報交換の組織として定着させ，さらに国際的交換組織にまで拡大してきている．データ・バンクという語が，初期にはしばしばデータ・ア

カイヴ(data archive)と互換的に用いられていたことは，図書館と同種の組織で設計することが可能だと想定されていたことを物語っている．しかし，実際にデータ・バンクを設計していく過程で，同じ情報の集積・交換組織であっても，図書館とは全然異質な困難のあることが明らかになってきた．

　図書館の場合には，蓄積・流通される情報の単位には2種類ある．利用者が最終的に利用する情報は，書物(論文を含めて広義の文献情報を指す)という形のままで，その全体または一部が，現物・複写等の形で検索・転送されて利用される．これは一次情報と呼ばれている．けれども図書館が作成し管理する情報は，この一次情報に関する情報，すなわち書誌記述(bibliographical description)，抄録(abstracts)などの二次情報であり，一次情報は，マイクロ・フィルムなどの形で物理的形態の変換を図ることがあっても，通常はそのままの形で，適当な識別記号を付加して保管するのに過ぎない[4]．

　これに対してデータ・バンクの場合は，本来機械可読型データ・ファイルの集積として考えられているわけであるから，一次情報に相当するデータの内容そのものが，どのような物理的形態(どのような補助記憶装置・磁気テープ・磁気デスクなどにどのような蓄積構造〔storage structure〕をもって入っているか)であるかが重要な問題になってくる．従って効率的なデータの共同利用を考えるならば，ちょうど書物を共同利用する図書館のように，個別のデータ・ファイルに関する二次情報のみを一次情報から切り離して流通させるのではなく，一次情報・二次情報を合せて利用できるような共同利用データ・ファイルを設計することが望ましい．さらに，1960年代に入っての計算機どうしを結びつけて利用するオン・ライン利用の発展は，かかる志向を強めるようになった．この頃から利用者の関心は，データ・バンクから，その基礎としての共同利用データ・ファイルとしてのデータベース(databaseまたはdata base)の設計に移っていった[5]．

　もっとも，データ・バンクやデータベースといっても，その差が明確に定義されているわけではなく，人によってはかなりあいまいな用語法で使用されている．ここでは，データベースを，機械可読型データで，その物理的蓄積構造

から独立して処理できる管理機構(DBMS; data base management system)によって管理されるデータ構造(data structure)を持った共同利用データ・ファイルと定義しておく．

　自然科学分野でのデータ・バンクまたはデータベース編成の作業は，その利用者の種類と，その扱うデータ内容が比較的等質的であるため，急速に国際的組織にまで発展するものが多かった．これに対して，経済政策と結びついての経済解析のデータ・バンクは，その対象とするデータの内容が多岐に亘るために，そのような発展は望まれなかった．

　欧米諸国のデータ・バンクのなかでも，図書館を作るのと同じ発想の，個別データ・ファイルの共同利用と保管を中心とした組織は，米国の ICPSR のように，研究者ファイルの集積として，それなりに順調に発展してきている[6]．これに対し，経済政策のための実証分析用データ・バンクのように，一次情報としてのデータの蓄積の段階から共同利用を可能にする組織として設計されたものは，データベース編成の段階から様々な問題点に直面してきた．それらは，(i)対象としている経済事象・社会事象のデータというのは，観察の次元によって極めて多層な観察客体の種類をもっているのであって，そのデータをデータベースとして編成するためには複雑なデータ構造をもったものとして管理しなければならないこと，しかし，逆にそうすることによって多様な情報を引き出せること，けれども(ii)観察客体が，社会のなかの行為主体であるとき，その主体に関する個別情報を伝統的統計調査の個別調査票で調査し，主体の識別子(identifier)を付して計算機に入力し管理するとすれば，私的情報(プライヴァシイ; privacy)保護の問題が発生することなどである．

　前者のデータの多層構造は，マクロ・データとミクロ・データの区分の問題に関連するだけでなく，統計調査の調査設計そのものに関係している．従来データ構造というのは，統計調査の実際の集計段階でどのような多重集計表を作るかという作表技法の一つとしてしか問題にしていなかったのが，諸統計調査を全体として体系化・組織化するうえの中核的な問題として，1950年代に入って《統計改革(Statistical Reform)》という名で呼ばれる統計調査制度の大幅な

変革運動を各国に惹起するときの検討課題となっている[7]．

　後者の問題は，ヨーロッパのノルウェーでは，中央集権的データ・バンクとして社会の個別行為主体の情報を集積することを可能にしながら，その後イギリス，西ドイツなどに同種の組織を作成するときには最大の障害となった．そのため結果的には，後者の問題も私的情報保護を可能にするデータ構造での情報の利用という問題を惹起し，結局前者のデータ構造の問題に収束していったといえる．

　このような個体情報というミクロ・データの利用可能なデータベースの編成は，マクロ・モデルを中心として急速な進化をとげた計量経済学的分析に，理論とデータとの対応関係についての検討を促す契機を作り出しているといえる．計量経済学的実証分析は，その形成期から統計解析手法の経済事象への応用という側面があったため，統計解析の手法に関しては，理論的な検討が加えられてきた．これに対し，データは，理論的に検討されるというよりは，経済理論と対応した概念構成で作られたわけではない既存の統計調査で得られる統計量を，どのような加工をし，またある種の限定と留保を付すことによって，経済理論と対応させることができるかという，どちらかというと経済分析者の熟練・技巧といった点から検討されることが多かった．

　経済データの解釈に当って，分析者の洞察力に依存する部分を完全に排除することはできないにしても，データベースを使用することは，同一のデータによる異った理論の実証分析結果の再計算を可能にするという形で，一種の追実験に相当する手法を経済学の実証分析に導入した．それだけでなく，データベースの使用は，データ構造という概念で，計量経済学的実証分析でのデータの取扱に一定の整序を施すことを可能にした点で，経済分析者のデータ取扱の熟練・技巧という要素を分析過程から減少させたといえる．

2　データ構造

　これまでデータ構造という概念を無定義に使用してきたけれども，このデー

タ構造という概念自体が独立に明示的に論じられるようになったのは,近年の計算機科学で,データベースを検討するさいの中心的概念としてである.例えば,Abrial が,従来の伝統的意味論が概念意味論として作られてきたのに対してデータ構造が一つの意味を持っているとして,データ・セマンテクス(data semantics)という概念を導入したのはその一例である[8].

いま,Abrial の定式化に従って,データとデータ構造を定義しておく.

《データを示すための概念(category)が定義されており,この概念に対応して,観察の対象物(object;具象的であっても,抽象的であってもかまわない)が,生成(generate)という操作子で定義され,抹消(kill)という操作子で除かれる.この概念相互の間の関係は,点対集合写像で,接合関数(access function)と呼ぶ.この接合関数で示されるものをデータ構造と定義する.但し,二つの概念間の接合関数で,一方の概念が1個の要素からなるとき,属性と呼ぶ.》

先に述べたように,計量経済学的分析用データベースであっても,もはや伝統的統計調査論の作表技術としての多重集計表を可能とするデータ構造では処理しきれない以上,データ構造という概念を明示的に導入しなければならない.

多重集計表を可能にするデータ構造というのは次のように示すことができる.いまある観察の対象物に任意の識別子を与え,その識別子毎に,その対象物の属性をデータ要素として記録する.属性は相互に区別できるように明晰に定義され,一定の測定尺度で示されるものとする.この属性相互の間に強い順序関係(strict order relation)を与え,従ってループを持たないグラフをなすと仮定すれば,概念相互は木状構造(tree structure)で示される.かかる属性を共有する識別子の集合が,そのグラフの点に対応させるとすれば,その各々の集合の要素の数もまた木状構造で配列される,これは多重集計表に他ならない.

しかし,属性相互の間に,そのような強い順序関係を与えることが,いつも経済学的意味を持ちうるわけではない.多重集計表を作ることは,共通の属性を持った個体識別子で代表される観察の対象物は,類似の性質を持ったものとして一まとめにすることができるという発想である.対象物を属性によって区分することによって,それを識別することに目的があるとするならば,むしろ,

属性による木状構造の終りの端点・終点に，個体識別子が対応する形に属性の木状構造を展開する方が適切である．もし，限られた数の属性しか情報の得られないときに，できるだけ共通の属性を持った個体識別子を持った対象物の集合を作りたいというのが多重集計表を作成する目的であるとすれば，この終点に属するものが，単一の個体識別子ではなく，ある数の個体識別子の集合をなしていればよい．けれども多重集計表を作成する目的をここまで拡張するならば，通常の固定的な階層区分での層化しかされていない多重集計表である必要はない．

データベースのデータ構造が，木状構造に限らずより一般的な，個体識別子と属性との間の関係概念で定義されたものを含むものであればもっとも望ましいことになる．このようなデータベースの構造とその計算機処理の技法については，1970年になって，Coddが，関係形式データベース(relational database)を提示以来急速に開発されてきており，Abrialの試みもこの種の試みの一つである．この種類の構造を持ったデータベースは，在庫管理・人事管理などの企業経営の情報システム(MIS; management information system)との関連で論及されることが多かったが，経済分析用データベースも本質的にはかかる構造をもったものとして処理されることが望ましい．

いま仮に全国的な経済統計データ・バンクがあると仮定する．そこでの観察対象物として，個体識別子を与えられるものには，様々な種類があり，相互に様々な関係で結ばれる．例えば，経済理論では，しばしば経済人(homo economicus)の仮定を設定するけれども，これは理論的抽象化であり，個別の人は，経済の消費主体として個人であり，または世帯の一員として，他の個々の人と結びついており，その行為の生活時間の配分(time allocation または time budget)では，特定の日なり年なりのなかで時間配分として，企業体に所属していたり，またより長期の生涯時間(life span)の配分では，学校などの非生産的な団体に所属するという点で，社会的存在としては様々な観察体の個体識別子との，異った関係で結ばれている．一方この各種企業や団体の場合には，人以上に複雑な相互の結びつきをもっている．企業の構成要素は，工場を含む各種事業所

で構成されているだけでなく，企業自体も親会社・子会社のように資本の提供関係を通じて，さらに相互に様々な形で結びつけられている．また人の場合には，その存在の時間的間隔は，たかだか100年以内のものであって，同年齢コーホート(cohort)を作って定義づけることができるのに対して，企業等の団体の存続期間はあらかじめ創設時点に限定されているものを除いては，不定期間の存在である．

このような様々な実体(entity)に対して[9]，一定の抽象化と，それに伴う集計処理を施して，個体識別子を持った存在を一定のマクロ概念に従った空間に写像して経済統計データ・バンクを編成すれば，いわゆる国民経済勘定体系といった，各種の勘定体系で構成されるデータベースの集合体であるマクロのデータ・バンクが作られる．けれども，個体識別子相互の関係に注目したいわゆるミクロのデータ・バンクを設計することになると，そのデータ構造は，どのような実体に対して個体識別子を付与するかによって異る．すなわち観察の基本単位として分割可能な度合は，その実体の性質によって異って来るだけでなく，どの側面で分割するかによって異って来る[10]．例えば，ある財を生産することによって得られる利潤を測定するとき，その財が結合生産物として異った財と同時に生産されるとすれば，その財のみの利潤を測定することはできない．また複数事業所で構成されている企業で生産されているとすれば，特定事業所・工場での利潤を測定することができない．従って，賃金支払額が，その事業所で計上できたとしても，正確な附加価値生産額を求めることは難しい．この場合は，観察の基本単位としては，企業であることが妥当である．しかし，従業員の賃金・教育技能水準・転職の度合等の諸属性は，企業単位で管理されている側面もあるが事業所単位で決められる側面も多い．従って，この観察の基本単位は事業所である方が，データの整理には適切である．このような観察の基本単位の変動は，先に述べたように，人についても個々の人で把握されるときと世帯概念などを構成して把握するといったように起りうるのである．

このようなデータのデータ構造は，多重集計表の場合に論じたような線構造・木状構造では処理できず，表現形式としてはグラフ構造(graph structure)

に帰着するといえる．しかもこのグラフ構造のノードは，観察の基本単位の定義によっては，別の個体識別子をもったデータの集合であり，それがさらにグラフ構造を持っていることを意味する．

　従って，観察の基本単位をどのように設定するかは，観察結果のデータの構造を決める大きな要因となる．この観察の基本単位の設定は，ここでの議論の前提となっている計量経済学的実証分析として，どのような理論模型を仮定するかと切り離すことができない．ここでの実証分析とは，経済理論の想定している理論空間と，現実の歴史的時間空間との対応関係を見つけていくことである．現実の歴史的時間空間は，何らかの観察規則を定め，観察の基本計測単位を操作概念として確定することによって，データ空間に写像される．従って，実証分析の実際の操作は，このデータ空間と理論空間との対応関係を求めることになる．この対応関係を求めるにあたっても，理論で仮定された諸概念とデータで仮定された諸概念との対応に関する解釈規則を定めることが必要である．当然，この解釈規則の設定は観察の基本単位の設定と密接な関係を持ってくる．先に実証分析での理論とデータとの対応関係で，経済分析者の熟練・技巧による部分が多いといったのは，歴史的時間空間を観察するための観察規則における観察の基本計測単位の設定と，理論空間の対応関係で仮定される諸概念の解釈規則との間をどのように結びつけるかの技巧であるといえる．このように，その技巧の内容を分解することによって，技巧によらずに整序できる部分を明らかにできる．以下の論述では，最初に，理論とデータとの対応関係に関連する部分を明らかにし，次にデータを作るための観察規則に関連する部分を検討する．

3　データの計測単位

　経済理論で仮定された理論空間を，データ空間と対応させるのに必要な諸概念のデータとの対応規則のなかで，観察の基本単位は種々複雑な測定上の問題を含んでいる．そのすべてについて網羅的に検討することはできないが，ここ

では，マクロとミクロという経済理論の行為主体に関する基本的問題と，それに伴って派生する問題を検討する．

マクロ理論とは何かの理解にも種々の差があるだろうけれども，大きく分けて3種類に分類される．(i)マクロ諸変量というのは，経済事象の描写のための合成変量であって，その相互の間にはあるブラック・ボックス的関係が存在するという仮定で，経済主体との対応関係では一番緩い仮定であり[11]，またマクロ理論の独自性を一番強調したものである．(ii)理論としてはミクロの行為主体を仮定し，そのミクロの諸変数の値の総計量としてマクロ変量を定義する．従って，ミクロの行為主体の行動方程式とミクロの行為主体の分布関数との合成関数としてマクロの行動方程式を仮定する．これは新古典派理論によるマクロ理論の基礎付でしばしば採用される方式であって，理論的な含意は明瞭なようである．しかし，かかるミクロの関数形に対応した関数形でマクロの集計量の関数形が示される集計の条件は極めて限定されていて，実際的な解を得ることは不可能である[12]．従って，(iii)実際にしばしば採用される仮定は，マクロ変量をミクロ変量の代表的個体の代理変数(proxy)として考える仮定である．Koopmans が譬え話にすぎない基礎付と呼んでいる[13]のに相当するし，より積極的な支持者は Marshall の代表的個体概念の援用であるという解釈を採用する．Marshall 的概念の援用を主張する場合には，しばしば単一集計量ではなく，階層別集計量に集計量を分解し，それらの行動方程式群の合成としてマクロの行動方程式体系を設定する．

これらのマクロデータを使用した分析と，形式的には対極的位置に立つのが，完全にミクロの行動主体に対応するデータを使用して，ミクロの行動方程式を推計する方式である[14]．ただ，この種のミクロ分析の結果を，現実の経済政策の過程に利用するためには，何等かの集計を行って，マクロ変量に変換することを考えなければならない．かかる形での経済政策への適用は，(iii)のマクロ理論の新古典派的解釈の逆であり，その限りでは経済構造の解釈については同一の発想が根柢にある．従って，実証化には同一の困難が存在する．

ミクロ理論による実証分析が，経済政策への応用という点ではあまり実用的

意味を持たないとしても,通常ミクロ理論は,公理論的な整序を与えやすいため,ブラック・ボックス的マクロ理論と比較して理論の検証過程を明らかにしうるとして,ミクロのデータによる実証分析が重視される[15]. しかし果して,マクロのデータと異って,ミクロの理論空間とデータ空間との対応を明確に付すことができるであろうか. 理論模型の設定している多くの仮定は,むしろかかる対応関係の成立を保障することを困難にしている.

経済理論をデータとの対応関係を検討しうるモデルに変形するまでの過程で,多くの次元の異った仮定が導入される. それらの諸仮定をここで網羅的に検討するわけにはいかないが[16], そのなかでも,理論概念に測度を与え,データとの対応関係を付するのに重要な仮定の一つに,変数の分割可能性と関数の連続性の仮定がある. 多くの経済理論では,ある変数相互の間に設定する関数関係を近似的に微分可能な連続関数であるという仮定を置くことが多い. この種の仮定は,実証分析の場合には,マクロ変量をミクロ変量の代理として使用するのと,同種の仮定を導入せざるを得なくしている[17]. 例えば,ミクロ理論としての消費理論を考えるとき,消費財の購入の支出は所得等の各種変数の関数であるとして,回帰分析を試みたとする. 購入された財をある一定の集計を施して金額表示で分析するならば,それは支出項目に関してある集計量変数を用いていることになる. これに対して,特定の耐久消費財の購入を同様の手法で分析しようとしても,購入の金額の単位(lot)が大きいだけに個別の家計を標本とすると,購入・非購入の類型に分れ,どちらの類型に所属するかを決定するかの因子分析の手法を利用しなければならない. これに対して,階層別集計量データを用いて,その階層に属するものの平均値を使用するならば,その内の購入・非購入の世帯の存在によって,あたかも一種の連続量的財のための支出の擬性的支出金額のデータが得られて,非耐久財の支出の財貨群に対する支出と同一の手法で処理することができる[18].

統計的推計方法を含めて,完全にミクロ理論の次元でモデルの構成からデータとの対応関係を作ることが難しいため,マクロ変量の混入が避けられない. そこでデータベース編成の際に要求されるデータの観察基本単位の特性として,

同一次元の基本単位については完全接合体系(fully articulated system)であることが挙げられる．例えば国民経済勘定体系では，完全接合体系は，そこで定義されている経済主体間の取引関係の表示が，どの経済主体からでも，またどの取引項目からたどっても，それぞれ明確に識別できるものを指している[19]．ここでは，その類比で，完全接合体系のデータベースでは，そのなかで使用されている観察基本単位の関係は，関節点(articulated point)を持って定義されていて，相互に関節点を持たないグラフには分割されないものとする．例えば，データベースのなかで，企業と同時に事業所という観察単位がある場合に，その両者のデータを結びつける関節点が定義されているものとする．

4 事象の再現性の仮定

マクロ量・ミクロ量の解釈と関連する理論空間とデータ空間の対応関係の仮定に，事象の再現性に関する仮定がある．データ空間は，歴史的な時間空間の写像であるけれども，データ空間のなかで定義されている識別子を与えられた個体は，無限に多様な属性を持つものではなく，有限箇の属性を持つものとして定義されている．その限りでは，特定の一回限りの事象ではなく，繰り返し可能な事象，即ち再現性のある事象として定義されている[20]．ミクロ量の場合には，個別の経済主体が，その属性を共有する主体相互の間に互換性があるということで，この再現性の仮定の意味は比較的明瞭である．しかし，マクロ量は人為的な加工変量であるだけに，この再現性の仮定の含意がかならずしも明瞭ではない．

この再現性の仮定は，統計的分析で確率的要素を導入する上の条件である．通常の分析で採用される仮定は，(i)時間に対して可逆的である(時系列[time series]データ)か，(ii)特定の時間内で特定の変数に関して互換的である(横断面[cross section]データ)か，(iii)時間と空間に関して相互互換的である(横断面・時系列混合[time series and cross section pooled]データ)か，のいずれかである．

これらの諸仮定の持つ具体的含意については，計量経済学のテキストなどでは，通常は自明のこととして触れられていない．Klein は，例外的にこのことに触れて，時系列分析は《短期的非安定的関数関係を示す》のに対し，横断面分析は《長期的安定的関数関係を示す》としている[21]．そのときの例示には，時系列として，マクロの関数関係を，横断面としてミクロの関数関係を示している．しかし，かかる解釈はかならずしも正確ではない．

ここで問題とされている時系列データと横断面データとは，同じ次元の観察の基本単位で構成されているのではない．マクロの時系列データに対比されるべきものは，マクロの横断面データである．

関数関係の安定性の問題は，第1にマクロ変量の関数関係が，ミクロ変量の関数関係と，ミクロの経済主体の分布関数との合成関数であるための不安定性に求められるべきである．

第2に，ここで想定されている理論モデルが，ブラック・ボックス的モデルではなく，特定の経済主体の行動様式に関するものであるとすれば，それは時間空間の特定の条件に対する反応様式によって決められているのであり，かかる時間空間を規定しているミクロの主体の行動の準拠枠組自体が時間的には変化する[22]．従って，時系列データによる関数関係の変化は，モデルの構造の変化によるものと準拠枠組の変化によるものとが分離可能でない限り，短期的な非安定的な関係とみなされても仕方がないといえる．ただこのような不安定性は時系列データに固有のものではなく，横断面データであっても同じことが当てはまる．これは一般にモデル構成の際の与件変数と，その変動の可能性の問題に帰着される．

いまどのようなモデルを想定したとしても，それを構成する変数のなかには与件変数とみなされるものがある．説明変数によって推定されるモデルの諸パラメータの値は，与件変数が変動すれば変って来る．従って，かかる与件変数によって変動するモデル自体の変動機構を明らかにすることができれば，モデル間の階梯的秩序があるものとして，モデルとそのモデルを生み出すメタ・モデル(meta model)が存在すると定義することにする[23]．

モデルとメタ・モデルを区分することができれば，短期的変動の関数関係と長期的変動の関数関係を識別する手法が確定する．しかし問題は，モデルを構成する諸変数からパラメータの変動を説明する変数を分離して，メタ・モデル中の変数とモデルの変数とを分割することが可能であるというのは，この二つの変数群が相互に直交するという仮定を置くのに等しい．抽象的な一般論としては，かかる変数群の分割が可能であるけれども，実際にデータを処理する段階になると，かかる二分割はかならずしも容易ではない．

1) 1936年のJ. Tinbergenのオランダ経済のマクロ分析にその発端を求めることができる．ただ実際の経済政策との関連でいえば，Tinbergenのこの種の試みにはむしろ懐疑的であったJ. M. Keynesの経済理論のL. R. Klein等による実証化の試みが定着する1950年代の発展が重要である．1970年までの学史的展望としては，松田〔1972〕157-164ページ参照．
2) 計算機の発展とマクロ・モデルの発展の相互依存関係については森〔1974〕を，また1930年代との比較では，松田〔1972〕142ページ参照．
3) Bisco〔1970〕，古瀬〔1972〕の比較的初期の状況から，Westin & Baker〔1975〕の最近の状況まで急速な変化をとげている．
4) データ・バンクとの対比で図書館を情報流通組織として検討した文献には，独立した展望が必要であるが，ここでは技法的に注目すべきSalton〔1975〕と，日本と欧米諸国の落差を検討して，実際的解法に論及した松田〔1973〕をあげるに留める．
5) Bisco〔1970〕は，そのような転換点を象徴する論文集である．
6) ICPSRは，ICPRの発展であるInteruniversity Consortium for Political and Social Researchの略称であり，Michigan大学のSRC (Survey Research Center)と米国内外の約190機関の政治学のデータ・ファイル寄託組織として作られたもので，現在は約230機関を網羅した国際組織になっている．松田〔1978〕，綿貫〔1974〕参照．
7) 米国の場合は，1950年代の中葉に始まり，最初に公式の提案があったのは，通称Ruggles委員会報告と呼ばれるものである (Social Science Research Council, *Report of the Committee on the Preservation and Use of Economic Data*, New York, 1965)．さらに連邦予算局の統計基準局の依頼によるDunn報告書 (Edgar S. Dunn Jr., Review of Proposals for a National Data Center, Statistical Evaluation Report, no. 6, Office of Statistical Standards, Bureau of Budget, Executive Office of the President, 1965) があらわれ，さらにKaysen報告書 (*Report of the Task Forceon the Storage of and Access to Government Statistics*, 1969) が出ている．これらの経過については，Dunn〔1974〕pp. 9-23, 122 ff. が統計改革との関連で詳しい．
　　また，Westin & Baker〔1975〕には，各種実例の解析結果が出ている．
8) J. R. Abrialなどの一連の最近のデータベースの開発状況と文献については，穂鷹良介 (筑波大学) に教示を得るところが多かった．穂鷹〔1975〕，Abrial〔1974〕および

ACM〔1976〕参照．また従来のデータ構造の処理については，Berztiss〔1975〕, 浦〔1974〕を，計算機処理からさらに抽象化したグラフ理論によるデータ構造の表現については，多くの数学書があるけれども社会科学・人文諸学に例を求めている Kaufmann〔1963〕をあげておく．

9) 実体概念については，Dunn〔1974〕の祖理論(meta theory)を参照．
10) 経済的実証分析のデータについて検討した数少い成書の一つである Morgenstern〔1963〕は，データ・情報・観察についてこことは異った用語法を使用しているが(同書 p. 88 以下参照)，ここでは Dunn〔1974〕などの最近の統計調査論での用語法に従っている．
11) 村上〔1975〕(272 ページ)で集計的法則と呼んでいるのは，この種の変量を操作して作成されるモデルである．
12)「総計問題」(aggregation problem)という形で提起されて以来，1976 年の S'Agaro での「マクロ理論のミクロ理論的基礎付」の国際会議(Harcourt〔1977〕)に至るまで多くの議論がなされている．ただ実証的分析と結びついた形では，かならずしも十分な展開が得られたとはいい難い．
13) Koopmans〔1977〕p. 144.
14) 政府機関等によって行われる統計調査は，調査客体毎の調査個表は通常個別の研究者にとっては使用できないため，ミクロ・データを使用しての分析は，独自の調査データ(survey data)に依存しなければならないので，経済学の分野ではかならずしも一般化された手法ではない．しかし，政府機関の作成する公表データに依存する割合の低い，社会学の分野では，計量的分析こそ経済学より遅れて発達したものの，この種のデータの解析については先行しているといって良いであろう(安田〔1970〕は Lazarsfeld などによって開発された手法を含むこの分野の発展状況を知るのに良い)．

Katona〔1951〕のミクロ・データによる消費行動の分析は，この面での社会学の分析と表裏の関係にあるといえる．企業行動のミクロ・データによる分析が Meyer & Kuh〔1957〕の投資関数の計量経済学的分析をまたなければならなかったのは，一つにはこのようなデータの発生源に関する差が影響していると思われる．

15) 佐藤隆三の検討(佐藤〔1964〕〔1965〕)や，それに基礎を置く村上泰亮の経済理論の科学的モデルと準科学的モデルの提唱などは(村上〔1975〕267-274 ページ参照)，この立場に近いと分類することができるであろう．
16) 計量経済学的実証分析の過程は，(a)理論モデルの設計，(b)モデルの数式的定式化，(c)数式表現に対する統計的仮定，(d)そのパラメータの統計数値をデータとして推計するための仮定，の順に階梯的秩序があるものとして，それぞれの段階について様々な仮定を置いて構成されている．松田〔1977a〕38 ページ参照．

ただこのような階梯的区分を仮定について施したとしても，最終的な実証結果で，このような階梯的秩序を識別できるわけではない．計量経済学的実証分析にまつわる最大の問題点はここにあるといっても過言ではない．
17) このような点の吟味については，数学的手法の導入の初期の数量経済学者の方が慎重であったことは経済学での理論の進化が直線的でないことの一例である．

18) Matsuda〔1977〕.
19) fully articulated system を完全接合体系と訳すのは，昭和37年に国民経済計算調査委員会が行って以来(経済企画庁〔1962〕)ほぼ定着したと思われるので，ここではそのまま使用している．この articulated system は，本文で使用したグラフ理論の articulation とは異って，会計用語の仕訳に相当する表現である．ただここでは通常の訳語に従ってある．この点は倉林義正の教示による．
20) 計量経済学的分析における歴史的時間空間の解釈については，Fisher〔1960〕〔1962〕が一つの明示的な解釈を与えている．
21) Klein〔1962〕pp. 55, 73 参照．
22) 準拠枠組(frame of reference)は社会学の概念の援用である．この概念のより一般化したものとして Papandreou〔1958〕における社会空間(social space)をあげることができる．この概念については，佐藤〔1964〕が詳細である．
23) メタ・モデル(祖モデル)による，長期変動モデルと短期変動モデルの位置付については，松田〔1972〕166-170ページ参照．

　　長期変動と短期変動を同時にモデルに組み込む一般的手法としては，構造変動を示す代理変数(dummy variable)を，変動の加法性を仮定して説明変数に追加するか，説明変数のパラメータのシフト項として導入する方法が使用されている．しかし，これは事後的な説明モデルであって，予測力を持った事前的説明力を持ったモデルとはいいえない．

II 統計調査とデータ

1 統計調査の定義

　経済データといっても,その内容は一次情報・二次情報といった分類を初めとして,多様なものがあることは前章で検討した.われわれの検討するのは,数値情報のなかでも統計数値と呼ばれるものである.ここで統計数値は,実体に関する情報のなかで何らかの定義された概念に従って量化された描写子の集合と定義される.従って,その実体に関する情報の蒐集作業は,実体に関する描写子を量化する過程を含んでおり,この過程がどのような形でなされるかが,データの特性を決めることになる.

　伝統的には,この情報を集めるために設計された調査によって集められたものを,かつては社会統計学派の影響下に第一義調査(本製調査),それ以外のものを第二義調査(本来の業務の過程で作られた書類の項目の複製であるという意味で,複製統計)と呼んでいたが[1],今日では第一次統計と加工統計である第二次統計との用語のまぎらわしさをさけて,調査統計と業務統計と呼ばれることが多い[2].

　通常は統計調査データの方が直接調査を目的として設計されているだけに,業務統計よりは正確なデータであるというふうに考えられているが,統計調査の実態に関係したことのある人々はかならずしも,業務統計は不正確であるとはいわれないというふうに考えている.統計調査の誤差の原因にも様々なものがあり,その原因別に両者それぞれ利害得失があると考えるのが正確であると考えられる.

　a) 統計調査が精度の高い原因は,まさに,調査の際の概念の意味論が確立している点に求められる.通常の業務統計の調査要項類と異って,調査の際の整一性(uniformity)が保障される(即ち,調査書式[formats]の画一性

確保の問題).

b) 第2に，業務統計は，許認可行政または届出規定によって集められた情報であるために，調査もれの度合を確定できない(調査対象リスティング〔listing〕の完全性問題).

c) しかし，逆に業務統計の場合には，許認可といった形で直接的に被調査者の利益と直結するだけに，虚偽の調査報告に基く不利益が予想される場合には，調査協力が極めて円滑に行くということがある.

いかに慎重に設計されていても，調査者と被調査者との間に社会経済的緊張関係(socio-economic tension)が存在する場合には，統計調査であってもその精度に関しては限界があるといわざるを得ない.

このことは調査対象の種類の拡大につれて，ますます問題が大きくなるといえる(調査者被調査者緊張関係問題).

これと関連して，伝統的な統計調査理論ではかならずしも峻別された区分にならなかった，情報の二区分を考えてみる.

それは量化された情報について，被調査対象に関する匿名性が必要とされるか否かで分れる，いわゆる intelligence information と statistical information の区分である[3]．前者では，調査者にとっては匿名であっては意味がないのに対し，後者では匿名であってもかまわないということになる．従って，c)の項目については，匿名性が保障された場合に調査統計はどこまで業務統計と比較して精度をあげることができるかが問題である.

統計調査は匿名性が保障されるという命題の系として導き出されるのは，調査が網羅性を持つ必要がないということである.

かつての統計調査理論の重要な争点の一つに，《大量観察という立場から意義づけられたセンサス調査方式至上》という発想と，《確率論を導入して標本調査で十分である》という発想との対立があった．この全数調査対部分調査という発想の違いは，後述のリスト・データと調査という形で論点を整理することができるのでここでは触れないとして，匿名性の問題からいうならば，統計調査は全数調査である必要はないのに対して，intelligence information の場合に

は，この前提が不可欠であるといえる．

これらの争点を整理してみるならば，統計調査の精度を把握するために必要な概念の枠組というのは次のようになる．

(i) 調査の被調査者（物）と調査報告をなす単位とを区別し，前者を調査単位，後者の基本単位を基本報告単位(enumeration unit)と呼んでおく．調査単位は，調査客体と一致するときもあるが，複数の客体を含むこともありうる[4]．これらの諸概念が明確に区別されているかが問題である．

(ii) 基本報告単位について網羅的な典拠リストができているか．さらに，被調査対象者の調査リストができているか．これは通常，標本調査法で調査の枠(frame)またはリストと呼んでいるものに相当する．

(iii) 調査の集計に関しては，全数調査（センサス方式）[5]であるか，部分調査（標本調査）であるか．部分であるとすれば，その抽出方法は何であるかに依存して，典型調査と無作為的抽出調査に分けられる[6]．

(iv) 調査が報告単位毎に異った定義を用いるのではなく，そこでの調査項目の意味が特定化されている．即ち，調査表が決められている．

(v) 調査するものと調査されるものとの距離．被調査者の記入する自計式と調査員の記入する他計式調査の区別は，この問題に関係するといえる．

この5箇の基準をもって具体的な統計調査を分類してみるならば，(i)から報告単位と，調査対象者との距離を定義することができる．いま，この間の距離が不確定であって，(ii)と(iv)の条件を満たしていないものが，江戸時代末期に次第に整備されてきたいわゆる抜き書による統計である．勝海舟の『吹塵録』にある江戸の人口統計はこれに相当する．これに対して，(ii)で基本報告単位のリストは作成されていて，その報告単位について，(iv)の条件を満たしているとき，これを表式調査と呼ぶ．

さらに，調査単位または被調査者単位と報告単位とが一致したとき，これを表式調査と区別して点計調査たまは個票調査と呼ぶときもある．しかし，これはかならずしも正確な表現ではない．基本報告単位を特に自計式調査の時に，調査単位と同じであるとすると，調査単位をリストするときの調査枠がかなら

ずしも明瞭でなくなる.

(ii)における基本報告単位のリストと被調査者のリストは，実際的には一致するはずであり，一致することが可能であるという立場が，センサス統計調査推進の基本的な発想であった．しかし，このリストに当るものを作るための調査は，それ自体，(iii)のセンサス統計と分ち難く結びついている．基本報告単位と被調査者との距離がゼロであるとすれば，これは被調査者自体が調査の基準となるということで，実際において様々な難しい問題を発生させる.

むしろ基本報告単位を表式調査以来の調査範域の最小単位と考えた方が良い．従ってある場合には，最小行政単位と一致する調査組織側の単位とした方が正確である．従って行政単位では，十分に基本報告単位の役を果すには大きすぎるとなった時には，調査のためだけの人為的な地区分を設定するという発想ができてきた．日本における国勢調査区または米国におけるセンサス・トラクトがそれであり，この日本での最近の到達点がメッシュ(mesh)統計の立場である．これは，一言でいうならば，統計調査の基準点を非人為化する，物理的単位に置き換えるという発想である.

統計調査の誤差(error)間で，可測的な測度(measure)を持つものは，標本誤差以外では，リストの持つ誤差・リストもれがある．この測度を定義するためには，基本報告単位のような調査結果に依存しないリストを作る必要がある.

これらの調査のなかで可測的な誤差に対して，自計式・他計式を問わず，調査者と被調査者との緊張関係の増大といった誤差については，そのままでは非可測的なものとなって来て，何等かの異種の方法での調査と組み合せた計測方法を考えなければ単純には計測は可能ではない.

2 調査報告単位とリスト

統計調査報告単位・統計調査対象者単位のリストといった場合には，大きく分けて，次の三つに分けられる.

(i) 地理的空間のリスト，または人の構成した人為的地域区分の集合(市・

町・村).

(ii) 人およびその構成した人為的集団(家族・世帯).

(iii) 人の構成した人為的集団のなかで,人と同じに独立した集団としての行為主体である事業所または企業.

地理的空間のリストは,地理的座標空間として測定されて,リスト化される以前から,人の構成した人為的地域区分の集合のリストとして作られていた.この人為的地域区分に,さらに建物であるとか道路であるといった人為的構築物を含ませることもできるし,またそれらが物理的存在であると同時に人為的存在であるという点に注目すれば,(iii)の範疇に入れることも可能である.ただ,(i)と(iii)との根本的違いは,(iii)は行為主体となることである.従って,地域区分の村・町・市・国などという単位も,行為主体としての地方政府・中央政府などを示すと考えれば,その時は(iii)の範疇に入る.行為主体という点では(ii)と(iii)の区分は絶対的なものではなく,特定の経済理論なり社会理論なりを前提としたものである.

この3種類のリストは,特定の時間空間のなかでは最も基本的には,地理的座標空間のリストと行為主体のリストとに二分割することもできる.以下統計報告基本単位のリストとしてどのような概念が使用されるかについて検討する.

a) 土　地

(i)の地理的リストというのは,当初,行政的機構の整備の過程で発生したものである.人間にとっては,自然物理的尺度による地点の特定化ができるまでは,あくまでも人間の集落というものが基本的な単位であった.従って,例えば村(これらを通常自然村と呼んでいる)の境界が確定して,村として区分が必要となるのは,社会経済活動がそのような広がりをもって始めてできるものである[7].当然,国家という単位の地理区分もそのような必要性があって始めて発生するといえる.

いわゆる近代国家の形成というのは,かかる領域の囲い込みができて始めていえるものである.従って,近代国家というのは,自己領土内の土地に関する行政的機構によるリストの作成ができるということが,一つの存在条件である

といえる．これは地図の作成と表裏の関係でとらえることができる．従来，政治学の分野で，土地に関する私的所有ないし一元的所有関係の成立という形でとらえられてきたものがこれである．

　従って，土地調査・地籍調査が，物理的な土地の測量と並行して行われる必要がある．これで作成されるのが，地図(land map)であり，また行政単位毎の地図は行政区画図として，われわれにはなじみ深いが，これは調査者側の立場からの図であり，調査目的との関係でいうならば，最も基本的には村落地図(village map)を基本にして形成される必要がある．近代国家の形成過程は，農村部分の発展とは切り離しがたいのであり，村落社会の基本単位というのは農業部門の生産組織の一つの行為主体である村であるという状態が長いこと続いていた．従って，その意味では村落地図または集落地図というのは，経済的行為主体を把握してリスト化する試みの一つでもある[8]．

b) 人

　行為主体として考えた人というのは，一義的に定まるようでいて，これもかならずしも単純に定まるわけではない．人というのは，生物学的概念であると同時に社会学的概念なのであり，伝統的に歴史的概念としての人は，租税負担を担える者との関係でとらえられて来ているから，ある社会では，奴隷が牛馬と同じに行為主体として考えられなかった時代の人口統計というのは，国家権力の把握した人口の数であるといえる．

　かかる意味で，人口統計は戸口統計(family unit)の統計として考えられる時代が長い間続いたといえる．しかしここで，戸口成員を考えるとき乳幼児をどこまで数えるかというのは，歴史的条件で様々に変って来ている．一方，これらの戸口概念は血縁家族概念と互換的に(interchangeable)使用されて来た．しかし，経済活動の主体という発想からは，生産と消費の二つの側面からとらえられる．そのためにはある特定の時点と地点とを共有するものの集合としてまぎれなく定義可能な世帯(household)という概念に置き換えられる必要がある．

　従って，人口統計が，当初，租税台帳としても役立ちうる戸籍統計として形成されてきたけれども，結局は世帯統計へと変化していった過程は，かかる経

過に即しているといえるであろう.

  c) 事業所・企業

　生産活動の場というものが,家族という集団から分離してくるに従って,企業という法人格を持った集団が経済活動主体として形成されて来る.この企業のリストを形成するというのが,近代的な活動としては不可欠なものとして考えられて来る.しかし,一方では,企業という単位の他に事業所という単位もまた必要である.企業が経済合理性に基いた損益計算を行うための行為主体として,血縁家族とはまた異った一つのまとまった行為主体であったとしても,経済活動のなかでは,このような行為主体に帰着せしむることのできるものばかりではない.即ち,工場といった事業所は,また企業という抽象的な存在と異って,一定の計測可能な物的要素を所持する活動主体として別に考えられるのである.例えば,極端な場合には,特定の場所さえ指定できれば,何ら物理的付属物を持たない企業が,単に登録・登記といった形で存在することは原理的には可能なのである.

  d) リスト相互の関係,統計調査区

　これらの三つの基本的リストというのは,極めて相互関連的なものであるといえる.同時に,通常は,a) b) c)の順で完成してきたというのが歴史的実情である.ところで,このようなa) b) c)が完成するのに伴って,それら相互の間がどのような関係にあるのかを特定化することが望ましいことになる.

　第1に,行政区域では実際の統計調査を効率的に行うには広すぎることから,統計調査区を置くという発想が形成される.さらにこの統計調査区が統計調査毎に異っているのであっては,調査が行いにくいという考え方ができあがる.

　日本においては,b)に関する完全なリストである人口調査である「国勢調査」よりも,c)に当る工場統計調査による工場リストの方が実際の調査として先行していたため,センサス相互の体系性を意識してセンサス体系ができあがるまでは,この種のb) c)のリストの統合というのは実現しなかった.b)の単位の下に,第二次世界大戦後の「事業所統計調査」に基く「調査区」の設定と,この「事業所調査区」と「国勢調査区」との統合といった形で,遅ればせである

にせよ，究極的には，統計調査区に統合という形になってきている．b)とc)とを統合する際の方針は，かかる調査区が，できるだけ社会的変動の影響を受けない形に編成することである．その点は，完全に地理的地域区分に従って編成するメッシュ統計という形で実現して来ているといえる．

1) 統計調査を主務とする内閣統計局書記官の高田太一は，この区別を強調している．高田〔1934〕10-16 ページ．社会統計学派によるこの点の研究についての展望は，経済統計研究会(編)〔1976〕所収の大屋稿が詳しい．友安〔1975〕1-3 ページ参照．
2) 第一次統計と加工統計との区分をしがたい場合もある．物価指数などは，加工統計であるけれども，多くの場合は物価調査の結果数値表であり，その限りでは第一次統計でもある．
3) statistical information は「統計情報」と日本語に訳すことができるが，espionage と代替的に使用されることが多い intelligence information の持つ意味内容を暗示させながら適切な日本語に訳すのは難しい．Dunn〔1974〕はこの二つの概念を峻別することの必要性を強調している．
　　日本では個体識別子を含んだデータ・バンクが「国民背番号制」と呼ばれて，国民的合意が得られないのはこの二つを峻別した調査体系として提案されていないことにも一つの原因がある．
4) 調査単位は，調査票を記入する単位，例えば「国勢調査」の世帯といったものであり，その調査単位は，世帯人員といった調査客体を含んでいることになる．ただ，ここで区分した諸概念は，常にここで区分した形で使用されているわけでなく，論者によっては，基本報告単位と調査単位(施行単位)を区別しないこともある．友安〔1975〕26-39 ページ参照．
5) complete enumeration survey を全数調査と呼ぶときもある．ただここでは，全数調査は，全調査単位を網羅した調査をのみ指すものとしておく．
6) 典型調査というのは，調査者が代表的と思われる調査単位を決める方式であるので，有為抽出法 purposive sample survey と呼ばれる場合もある．
7) 村境が確定するのは，村が生産活動の主体として，村民にとって自明の単位でなくなり始める時点からである．この近代国家による農村支配の完成前の状況は，例えば社会主義革命前中国の農村旧慣調査の資料と革命後の農村資料との対比とから見ることができる．Matsuda〔1967b〕参照．日本の場合に，稲作のための共同労働慣行や，灌漑用の水利権で結ばれる生産活動の主体としての鈴木栄太郎の「自然村」や中村吉治の「村落共同体」の概念に対応する実体を，明治維新後の農村のなかに一義的に確定することは難しい．何で村のまとまりを定義するかによって異って来るからである．「昭和 30 年臨時農業基本調査」による農業集落調査は，農地改革後におけるかかる自然村の実体を，(a)隣保共助的役割，(b)農業集落における水・労働・生活慣習の規制，(c)商業生産発展状況などの項目の調査で明らかにしようとしたものである．その後の 1960, 1970, 1975 年の「農村業センサス」の農業集落調査によって，このようなま

とまりの崩れて来ていることが示される。農業集落研究会〔1977〕参照.
8) 村落地図の整備が行われる反面,都市と農村の区画があいまいになるという現象が発生する.生産主体としての一種の人為的団体組織としての村落の意義が薄れると同時に都市と農村との生活規範の違いによる生活慣習の差も縮小してくる.この歴史的変動を抜きにして都鄙連続体(rural-urban continuum)の存在を論じても(安田〔1970〕156-181ページ)意味がないといえる.

III データ構造と作表

1 調査票とデータの構成

　統計調査で処理されるデータの種類は，被調査者に関する事項と調査者に関する事項に分けられ，調査「表式」または「調査個票」(「小票」とか「調査表」とか時代によって様々な名前で呼ばれてはいるけれども，被調査者単位に作成される調査票である)に記入された限りの情報に限定される．ただ，調査者に関する事項は，相互貫入標本調査(interpenetrating sampling survey)を別とすれば，調査者をキーとして分類・集計処理をすることはないから，以下では被調査者に関する事項について検討する．

　被調査者に関する調査事項は，個体識別子(これは調査者が任意に与えたものと被調査者が固有に保持しているもの——固有名詞——があるが，後者は自然語の場合には，多くは，それだけでは十分な識別子となりえず重複のあるのが通常である)と，各種調査属性とである．属性は，観察の対象物について調査者の認識の枠として存在する概念についてのみ調査され，認識される．これが統計調査の長所であると同時に，その限界を規定するものである．文章体による叙述や写真による複製は，調査者の意識の枠にのぼらない事項についても，他のものに情報を伝えることがありうる．しかし，同時にかかる描写はどの被調査者についても，同一水準の情報をもれなく供給してはくれない．これに反し，統計調査は，被調査者の拒否や，面接調査員(interviewer)の誤りなどがない限り，同質的情報を提供してくれる．

　属性には，定性的と定量的とがあり，前者は適当なコード化によって，擬似定量変数として処理できる．定量的属性は測定尺度を与えることによって量化される．

　いわゆる集計処理は，この定性変数によって分類・集計するか，調査の結果

変数である定量的変数を適当な尺度変換を施すことによって，尺度変数の上の位置を定義し，それによって分類・集計することを意味する．

2 地方分査と中央集査

統計調査結果のうち，統計調査対象毎にその属性を示して一覧表にしたものは通常リストと呼ばれて，統計表とは呼ばれていない．統計調査の結果は，調査項目の様式(formats；表式)が特定化されている限り，量化して集計可能であり，そのような集計されたデータを通常統計表と呼んでいる[1]．集計は先に述べたように二通りの方法で行われる．集計の指標が先に特定化されているものと，調査結果によって作り出されるものとである．表式調査の集計は，個票調査の集計表を再集計するのに対応するものであり，調査結果によって集計の指標を自由に作成するのは難しく，集計の指標が先に特定化された場合に近い集計表しか作れない．これに対し個票調査の場合は，量化された属性の集計結果によって，さらに被調査体の集合を分割して，分類集計することが可能である．この時の作表構造は事後的に決めることができる．最も実際には，定量的属性変数の分布形態・範囲などは，前回の調査か予備調査でほぼ予測されており，集計の指標は先に特定化されていることが多い．ただその時でも，どの被調査個体が，どの分類項目に属するかは，集計結果で決まることには変らない．

その際の集計した作表構造によって，その統計調査から得られる情報は固定されてしまう．伝統的な統計調査論では，このように分類・集計した統計表を統計原表(source table)と呼んでいる[2]．

この統計原表を作成して行く過程で，統計調査の実施機関と，統計調査担当者との距離によって，統計調査論の用語で，中央集査と地方分査とに分れている．地方分査というのは，全国調査の場合に，地方毎に調査実施主体が独立しており，そこでその地域内の集計を完了して統計原表を中央へ送り，それを中央で再統合するという方式である．このような集計手続が重要な区分として意味を持っていたのは，沿革的には調査表の様式の統合の問題と密接な関係があ

る．

　統計調査の初期においては表式調査であって，この調査自体を造り出していく過程では，表式そのものが安定しているわけではない．特に近代国家の創設期と重なる場合には，その国家的統合の要素である各地域の特性自体が明らかでなく，統計調査そのものが，その調査対象が何であるかを十分にとらえきっていないという状況が起る．その場合には，表式そのものが，かなりの範囲で，それぞれの実査担当者にまかせられることになる．日本における統計調査の地方分査はかかる統計調査の形成期以来の特徴であるといえる[3]．

　いま一つの統計の地方分査をもたらす原因は，統計調査の規模と集計能力との関係である．これは機械集計ができなかった時代には特に重要な要因となって来る．

　問題は，経済の発展状況と統計調査の膨張と共に，統計調査項目自体が地方分散を許さない状態になることである．例えば，「工業統計調査」は，「工場調査」の時代から工場という事業所が調査単位で集計されてきたが，一企業一工場ではなく特定企業が次第に複数の工場を持ち，しかも，それが各地に分散して置かれるようになると，これを企業単位で再集計しようとする(企業名による「名寄せ集計」と呼ばれる)ならば，もはや地方分査は不可能となって来る．

　いま一つの問題は，調査者と被調査者との緊張関係である．統計調査の担当者が，調査のみであり，他の行政的地位に移らないということが保証されない現状では，統計調査における業務統計と違った，守秘義務に裏付けられた調査の独立性の保証は，地方調査の段階ではその限りではあまり実質的な意味はない[4]．ただその際，調査個票はすべて中央集査で，点検の後中央の調査機関に送られるということの明示は，多少ともこの緊張関係をやわらげるという役に立っていると考えられる．

　このように集計処理と作表方式は，統計の実査過程という調査の社会学的役割の分析には重要であるけれども，この問題は基本的にはどのようなデータ構造で，集計するかという問題に帰着させることができる．

3 プライヴァシイ保護と分類集計

　統計調査と業務調査の最大の区別は，被調査者の個体識別子をその固有名詞に復元する必要があるかないかにあるということを先に示した．このことは，今日統計調査がリスト型データではなく集計型データとして公表される最大の理由となっている[5]．集計型データであっても，それが分類・集計である限り，分類の属性の組み合せによっては，その分類のセル(cell)に落ちる被調査者の個体が少い場合には被調査個体を特定化できる場合がある．このときは，集計方法の処理の部分的変更または集計処理対象数の秘匿という形で，個体の情報が認定できないようにして集計することが原則であった[6]．

　このような場合を除くならば，統計調査は，一定した作表形態で集計量データをもって作表するというのが伝統的手法であるといえる．しかし，このような方式ではかならずしも十分なプライヴァシイの保護が保障されないというのが現在の問題点である．

　集計量データといっても，調査対象者のすべてを含む母集団の全数調査と，部分調査とでは異っており，後者の場合は，標本に関する属性の集計量と母集団の値の推計量に変換した場合とでは，その集計量の意味は異って来る．一定した作表形式というのは，標本抽出の方法の設計によって制約されている．標本抽出の枠に使用した属性による調査対象の分布の形が歪んでいて(skew)[7]，正規母集団という仮定が成立しないときには，母集団をその属性によって層化して，層内の調査対象の分布を正規分布に近づけるよう管理して，層内分散が層間分散より小さくするようにする．

　ここで作表形式の問題は，統計調査の目的が，マクロ量の推計にあるのか，ミクロのデータを得ることにあるのかで，その取扱が異って来る．マクロ量を得るのが目的であるならば，中間集計処理の作表構造の問題はなくなるし，調査個体のプライヴァシイ保護も調査結果個票の管理形態に帰着してしまう[8]．これに対して，ミクロ・データを得ることが目的の場合には，諸属性の階層構

造で作り出された作表形式のセルのなかの集計量が，その分類された限りでの属性については，同一の個体の重複出現とみなしうると仮定できるような作表形式でなければならない．調査個体のプライヴァシイ保護はかかる属性の管理が，調査個体の特定化の回避という前提と両立しうる限界の確定に他ならない．

このようなプライヴァシイ保護と両立しうるデータの作表形態は，第1は統計調査の被調査個体の諸属性によって，層化されたデータで，層化の基準尺度変数の1箇が，それぞれの多重集計表で，欠けることによって，各々の表を結合させて，同一のセルに落ちこんだ被調査個体に関する諸属性の完全な列挙による確定を不可能にする方式である[9]．この方式では，公表された集計量データを使用して，多変量解析を行うには手法の選択の著しい制約をもたらすことになる．

第2の方式は，諸属性のなかで，量的変数について，積率行列のみを公表する方式である[10]．この方式の方が第1の方式より多元回帰分析などの適用の余地を残しているとはいえ，層化集計にまつわる基本的問題の解決になっていない．多元回帰分析の適用も，全被調査個体の集合について計測するモデルを組むとは限らず，ある基準尺度変数で分割した被調査個体の部分集合についてのみ，同質的な行動様式が仮定されるとして計測するモデルを組み立てることが適切なことが多いからである．

このような個体情報の秘匿が問題となるのは，企業統計などで，伝統的な多重集計表で，ある特定のセルに落ちるのは1, 2箇の大規模企業のみである時に多い．この場合には，理論的に可能な第3の方式として，不等分散性(heteroschedasticity)回避のために採用される方式の応用が考えられる．通常，不等分散性のみられるデータを使用して，回帰分析を行う時は，適当な基準尺度変数で，他の属性変数を正規化して使用する手法が慣用されている．この方式に従って，集計表を作成する際にあらかじめ正規化した変数で表示する方法が考えられる．ただこの方式であっても，第2の方式と同様な難点を回避することができない．

いずれの方式を採用するにせよ，層化分類するときの基準尺度変数が定性的

変数でなく定量的変数であるときには、かかる層化分類が意味のあるということは、その層内の他の定量的属性変数が比較的同質的な値であるということを意味する。これは、この定量的基準尺度変数と他の定量的属性変数との間に一次従属の関係があると想定することに他ならない。従って、これらの属性変数を用いて、あるモデルを推定したとしても、それは単に基準尺度変数の一次結合である変数によって推計されたものとなる。即ち多元回帰分析で、多重共線型関係の存在する場合に相当する[11]。

例えば、家計消費データについては、伝統的に所得金額階層または支出金額階層で層化するという標本設計が用いられている。これらのデータを用いて、横断面分析を行うときの基本仮定は、同一所得階層のセルの標本平均値は代表的個人という発想である。このとき、エンゲル(Engel)関数の推計からさらに、時系列データを用いての、消費関数の推計におけるように、様々な変数、資産保有額等々を導入して、多元回帰分析を行うとすれば、これらの諸変数の値は、所得階層で層化するのが意味がある以上はその間には、多重共線型関係が存在し、時系列データで、時間項との多重共線型関係の存在と同様の難点が生ずることになる。

逆に、かかるセルのなかに含まれている標本が極めて非同質的(heterogeneous)なものであるとするならば、かかる層化が意味をなさないことになり、層内分散が層間分散より大きいことになる。従って、基準尺度変数で層化された各セルの個体の諸属性が同一の個体のものであると対応関係が成立したとして、それぞれのセルについて平均値を利用して一つの代表的標本であるという仮定で、多元回帰分析の推定のための標本として利用できるという保証はないということになる。

例えば、企業統計データについては、伝統的に資本金階層でデータを層化するという標本設計が行われている。これの基本仮定は、代表的企業は、資本金階層によって決定されるという発想である。これらのデータで企業行動様式、設備投資関数などを分析するのは、それは資本金階層によって決定されるというモデルを暗黙に仮定しているにすぎないことになる。しかし、個人の場合と

異り，企業の場合には，赤字企業と黒字企業とではその行動形態に関する同質性が保証されるとは考えられない．調査によっては，利潤額などは赤字・黒字の両者があってそのまま集計したのでは困るので，その時点での赤字企業と黒字企業に層化して集計することが多いけれども，その場合もすべての属性変数についてそのような分割をするわけではない．

　個人消費分析の場合にも同様の現象が発生しうる．家計消費行動の分析で，資産保有の形態が重要な説明要素となる．例えば，持家世帯と非持家世帯では，その行動様式の異っていることが指摘されるが，この持家世帯でも，現在ローン(loan)の返済中のものと，非返済中のものとではその支出形態は大きく異っている．これを同一の基準所得収入変数で層化したのでは，経済学的には意味をなさないことになる．

　第3の方式は，集計表という形式で，データを公表するという伝統的手法から離脱して，個票水準に近いミクロ・データを公表することである．ただし公表されるものについては，その調査個票の対応する被調査個体が推定できないように次の方式をとる．(i)リスト・データに相当するものの調査項目を制限する，(ii)詳細な調査項目は，複数の統計調査で行って，適切な照合子(matching key)または結合子(coupler; linkage)を調査項目として，複数の調査の調査個体の突き合せ(matching)を行い，調査項目の統合を行う，(iii)個体識別子を除いて個票全体の公表をするのであっても，同一の属性区分のセルには，最小限3箇の標本が含まれて，ある被調査個体が，自分以外の被調査個体の値を推計できないようにする．その限りでは，一種の集計量である．この方式の成否は，(ii)の適切な照合子を発見できるかにある．また，(iii)の条件は，個人を調査単位とするデータの場合には適用できるとしても，企業を調査単位とするデータのような場合には適用可能だという保障はない．何故なら，企業といった経済主体は，人間のような限定された生活時間を生きるものではなく，人間の世代を越えて成長し巨大化していく．このようにして発生した大規模の企業を他の新規発生の小規模企業と集計したのでは意味がないことがありうるからである．しかし，かかる調査対象については，実際上は，有効な競争関係の維

持といった視点や，企業投資家保護といった点でプライヴァシイの保護よりは，むしろ一定の情報の公表(disclosure)の方が重要な問題となっているので，(iii)の条件をゆるめることが可能な場合もある．

(ii)の条件は，不可欠のものではなく，抽出標本を限定して，徹底的に調査するという親標本(master sampling)の手法に代替することも可能である．

いずれにしても，かかる方式は[12]，伝統的な統計調査のデータ公表形態から離脱した，個票データに密着した，いわゆるミクロ・データ・セットをマスター・ファイルとしたデータベースを編成して公表するという公表形態への移行を示唆しているといえる．この点では，前章で検討した分析手法の点から要求されるデータ構造に，統計調査の側面からも，収束して来ることを意味している．

この手法で，これから解決しなければならない点は，標本設計の技法である．従来の多段階層化抽出法(multi-stratified sampling)の手法は，得られた調査結果の調査個体情報のこのような自由な結合を保障するようには設計されていないからである．

いずれにしても，統計調査の調査結果の有効な活用のためには単一の統計調査ではなく，複数の統計調査が，体系的に組み合されることが必要である．かかる統計調査の体系は，データベースという発想を導入することを必然化してきた．

1) リスト形式のデータの表現形態を含めて，個票データに対応するままのデータ表現を個別データ(individual data)と呼べば，調査対象が多くなるとこのままの表現形態での保存は難しくなる．計算機利用の際に，それ以後のデータ処理の基本になるデータ・ファイルをマスター・ファイル(master file)と呼び，これから集計表を含めて必要なデータ属性を要約して抽出したデータを，抽出・要約データ(summary data)と呼んでいる．マスター・ファイルの設計はもっぱら後のデータの処理の効率から決められるのであって，マイクロ・データやマクロ・データというデータの内容による分類ではない．
2) 統計原表という概念は，統計調査の実務の場合には極めて重要な概念であった(友安〔1975〕283-287ページ参照)．計算機の発達の結果，統計表作成の過程での分類・集計の占める比重が減少してきた今日では，どのようなマスター・ファイルを作成するか，そのデータ構造はどのようであるべきかに問題の焦点が変りつつある．伝統的統計表

Ⅲ　データ構造と作表　　　35

作成方式による作表形態の不整合の具体的分析例としては，松井〔1969〕がある．
3) 統計調査の調査設計実務に関係した専門家の間では，地方分査は調査事項の「解釈分類の統一を期する」(髙田〔1934〕所収松田泰二郎稿，556-557 ページ)ためには避けるべきであるとか，「質的分類の統一性を欠きやすい」(友安〔1975〕219 ページ)という批判があるのはこの点に関連している．
4) 日本の場合は，敗戦後の食糧事情の悪化に伴い，農作物の供出制度の円滑な実施のために農林省直属の府県作物報告事務所を設置したのを除くと，伝統的に府県市町村を経由する統計実査方式を採用してきた．そのため市町村段階では，生産統計調査担当者が，翌年は税務担当者になるということはしばしば発生する事態でもあった．
5) 公表されるデータ構造の形が，リスト型でなくなる初期は，むしろ，属性の分布を要約して知りたいという必要性に基いたのである．統計調査環境の悪化した今日とは異っている．
6) 友安〔1975〕102-106 ページ参照．
7) ここで歪むという表現を使用したのは単純に統計学的意味であって，何等の価値判断を含むものではない．Matsuda et al.〔1977〕, Ijiri & Simon〔1977〕.
8) 日本の現行の「統計法」(昭和 22 年 3 月 26 日法律 18 号)における指定統計の秘密保護と調査票の目的外使用禁止はこの水準にあるといってよい．
9) 米国でのセンサス・トラクトの個票データの公表形態は，この方式の個票データへの拡張であるといえる．
10) 例えば，農林省統計調査部『市町村を単位とした日本農業の地域構造』(1968, 1971 年刊，4 分冊)．
11) Chipman〔1964〕は，連立方程式体系での線型回帰分析での認定のための線型制約式，不等分散性の時のデフレーター使用による正規化，多重共線型関係の存在，総計の条件が，いずれも構造上は線型制約式に帰着できることを示し，従来の理論からデータへという階梯的秩序が成立しないことを巧みに示している．
12) ミクロ・データのマッチングについては，Budd〔1971〕, Ruggles et al.〔1977〕, 松田(編)〔1976〕等を参照．マッチング・キーの具体的検討例としては，Kurabayashi & Matsuda〔1975〕〔1976〕．

IV 統計調査とデータベース

1 集計手段の発展と統計調査の分化

　統計調査とその調査結果の集計処理を，一般的な抽象理論として定式化することを難しくする要素の一つに，集計手段の問題がある．集計手段は，機械・器具に大きく依存し，電子計算機の存在しない社会でその存在を仮定して，調査方法を論ずることが意味がないように，その発展は，非可逆的な歴史的経過と密接に結びついたものである．ただ，その機械・器具としての集計手段の機能自体をあえて抽象化すると，集計する情報を蓄積(store; storage)することが可能であるか否かで区分される．

　伝統的書きあげ統計から表式統計調査に移った結果確立されたことは，少くとも表式・様式に示されたデータ構造の許す限りでは，集計が定式化され，しかも書きあげ統計と異って，結果の集計手法が定式化され精度が一定することである．

　ただ，この手法では，被調査者の属性に応じて，調査結果から逆に再集計処理をすることはできない．これに対して，個票調査方式では，個票という情報の蓄積形態を活用して，被調査者としての個体の情報を他の情報と切り離してそれ自体を種々分類・組合せられるので，再分類・再集計が可能になって来る．この個票による情報処理システムは，集計作業を全面的に機械にのせることを可能にしており，その限りでは，パンチ・カード方式(PCS; punch card system)というのは，この個票調査の内包している情報処理の論理構造の機械化による具体的な実現である．ここで，個票をそのまま使用しての集計とPCSとの違いは，後者では調査個票を転記して複票を作成して多重集計するのと異って，多重集計表の作成が容易になることである．これは，実際の集計作業では，完全な人力による個票をそのまま使用しての集計作業と比較して，その能力の飛

躍的拡大を意味している．統計調査の精度の確保という視点から考えられてきた，個票の採用による調査方式の近代化は，個票調査によるかかる多重集計の可能性の発見という新たな意味を持ってくることになる．

ただ，あらゆる統計調査は，一定の時間的，予算的制約の下で行われる以上，全数調査化による被調査者数の増大と，作表数の増加による作業量の増大は，一定の枠のなかにおさめられなければならないし，その枠は，機械の導入によって拡大したとしても，利用者の側の必要な調査結果，情報の拡大の要求の方が，大きいのが常である．統計調査のいまひとつの制約条件としては，調査員の質と量とがある．被調査者に関する調査事項は，原理的には無限に拡大することができるが，精度を考えるならば，一時に調査しうる調査項目には，一定の制約が存在するだけでなく，その調査の調査員の質に依存する．しかも，調査員は，自計式であれば被調査者と同じであると考えられるが，実際には自計式調査でも調査票の審査が必要であって，これに従事する調査員が必要であり，この数は被調査者より少くならざるを得ないから，一定の制約が存在する．

この情報量と作表数の拡大の要求と，これらの諸制約条件のなかで，被調査者数の大きさの決定に確率的発想を入れたものが，部分的調査のなかの確率抽出標本調査であると定義しうる．

標本調査では，全数調査と異って，作表数を拡大することが容易にできる．

ここで，統計調査の分化が可能になる．標本調査のための標本客体抽出の枠（またはリスト）の作成に全数調査の役割を限定し，詳細な情報は標本調査によるという分化が，実際には行われている．

この統計調査の分化に対応する，ここでの新たな問題点としては，統計調査の相互の階層性と相互整合性の問題がある．

これまでの議論は，個々の統計調査の個票と集計方式によって，データ構造がどのように規定されるかが，中心的な課題であった．ここで問題は複数の統計調査があるときに，そのデータのデータ構造が総体として，どのように規定されるかという問題に置き換えられる．これがデータ構造の問題として意識されるようになったのも，一つは経済理論の側からデータ相互の整合性が問題と

されるようになったことにも依存するが，より大きくは集計手段の変化・発展に対応しているといえる．

　即ち，PCS からデジタル型電子計算機への発展である．これによるデータ処理の基本的変化は，情報の蓄積形態の変化である．計算機に入力した一次データ（個票情報）のままでも，集計処理結果データの形であっても，計算機の記憶装置のなかや，またはそのまま計算機に直接再入力可能な媒体（磁気テープ・磁気ディスク等）のなかで保存することが可能となったし，その媒体のままでの外部への供給が可能になったことである．これは，分散型統計調査体系での，リスト・データ等の作成機関（中央統計機関）と，標本調査などの個別調査の実施機関の間でのデータの交換を極めて容易にするようにしたといえる．その結果として，計算機処理データは，データの集計処理のためだけの一回限りの利用のための入力方式をとらず，結果出力がそのまま，計算機可読型データとして保存・交換利用しうるようなドキュメンテーションを付したデータ，即ち，共用を前提としたデータベースとすることを可能にした．従って，統計調査への電子計算機の導入は，データの入出力はデータベースを編成することをその基本とし，単に集計処理だけでなく統計調査全体を計算機処理を通じて体系化する必要性をもたらしたといえる．

　このデータベース化による統計調査の体系化の動きは，全数調査と標本調査とのリスト・データなどのデータベースの共用化などを含み，これは前述のように最近「統計改革」(statistical reform) と呼ばれ，データ・バンクの作成とプライヴァシイ保護といった，一連の社会問題と表裏の関係にあるといえる．

　データ・バンクは，複数の調査で得られた統計情報の一元的管理であり，これは結局のところ，データベースの存在を前提としなければ効率的処理はできないということが判ってきた．かかる複数の調査で得られた情報が，個体情報にまで細分化されて入力されているとなると，そのデータ相互の結合によって，個体の私的情報までも管理されることになる．しかも，統計調査が，前述のように，リストと，部分調査の組み合せで処理されるように統計調査が分化すると，部分調査が効率的に行われるためには，リスト・データ自体が，かなりの

情報量を含んでいることが必要になり、さらに複数のリスト・データが相互に結びつけられると、このデータ・バンク自体の私的個体情報の保持量が極めて高くならざるを得なくなってくる。このような状況のなかでは、伝統的な分権的統計調査機構と中央集権的統計調査機構という調査機構の2種類を峻別することは難しくなる。分権的統計調査機構も、リスト・データのデータベースの共用という点では、中央集権的統計調査機構に依存しなければならなくなる。問題の焦点は、リスト・データ調査と部分調査の組み合せという統計調査の分化から、さらに複数の統計調査の結果を、ミクロ・データの突き合せという形で、統計調査を体系的に管理するという局面に移っていく。

2 ミクロ・データの突き合せファイルの編成と統計改革

ここで、ミクロ・データの突き合せという場合には、基本的には、複数の調査の突き合せである。即ち、その場合には、複数の調査の被調査対象者が、何らかの意味で共通の母集団に属していて、例えば、双方ともに全数調査であって、その限りでは、1対1の対応、または1対多数の対応がつく場合と、標本調査相互の場合に、そのような対応関係がつかず、この二つの調査のそれぞれが母集団のなかのある属性については標識を共有していて、一定の部分集合をつくり、その部分集合相互の間に、集合対集合対応関係をつくり、その対応関係は、その部分集合の要素のなかの他の属性についても存在するという仮定を置く場合とが存在する。

前者の場合には、例えば、事業所統計調査の企業別ファイルを作成し、企業データとの対応関係をつけるとか、「国勢調査」の世帯データと家計調査データとの対応関係をつけるという場合である。この場合には、一応、完全な突き合せが行われることになる。

後者の場合には、かかる基準尺度として、選ばれた属性によって、他の属性がどこまで組織的に説明しうるかに依存する。従って、この基本的仮定が崩壊するならば、かかる突合性は保証されないことになる。しかし、必要情報量の

拡大による統計調査項目の急増という現時点では，同時に調査技術上からいって，この種のマイクロ・データ突き合せが行われなければ，統計情報を蒐集し切れないという時代になっている．この統計技術上の問題は，第1に統計調査者と被調査者との緊張関係の拡大である．特に，現時的問題として考えると，プライヴァシイ保護と関連して，統計調査の調査拒否は漸増するというのが，先進諸国の現状であり，その限りでは，統計調査環境が悪化しており，改善される見通しがないからである．

　かかる手法の現実的有効性の確保については，まだ十分のテストがなされているわけではないが，master sampling の発想が復権することも考えられる[1]．

　このような集合対集合で新たなデータベースを作成するとき，全体としての母集団の推計値を作るのに必要なのは，リスト・データである．このリスト・データにこの突き合せの結合子(matching key variables)が含まれているならば，それとの関係で母集団の値というのは推計することができる．

　このように考えてみるならば，マイクロ・データ突き合せの場合には，点対点写像の場合でも，集合対集合写像の場合であっても，リスト・データが最も基本的な結合操作子として役に立って来ることが判る．従って，統計調査の基本的報告単位のリスト・データとして活用しうる全数調査にするため，全数調査の報告単位相互に完全接合性を持たせるために，統計調査区を単位として，リスト・データ相互を結びつけるという調査方式は極めて重要な意味を，全統計調査体系の設計のうえで持って来ることになる．

　かかる形で，統計調査体系全体の再編成を可能にしたものが，電子計算機という，集計手段の発展で実現したデータベース再編成という発想であるといえる．これらの一連の統計調査の体系化が，最近の「統計改革」で含意されている事態である．ここで始めて統計調査は，概念相互の調整が自然発生した段階から，系統的に整理をする理論的基礎を確立したといえる．

3 統計データベースの種類

3-1 加工統計とミクロ・データ・セット

　統計データには，通常，統計調査データと加工統計との二分法がしばしば採用されている．しかし，加工統計を何と定義するかはかならずしも明確ではない．通常は，物価指数から国民所得にいたる，特定の加工方式に従って作成された指標の総称として用いられているけれども，そのときに，その加工の基礎となった素データが，その統計のために特に設定された，ある統計調査に基いている(例えば物価指数)のであるか，あるいは，様々の統計調査の集合で作られる国民所得・資金循環表といったものであるかという区分は行っていない．しかし，統計データの精度との関係で考えるならば，特定の調査と結びついたものと，そうでない加工統計とは区別して考えるべきである．例えば，物価指数は特定の調査と結びつくといっても，正確には国民所得デフレーターのように，特定の調査と対応関係のつかない加工統計としての物価指数が存在する．ここでは，特定の調査と結びついた物価指数のようなデータは，指数作成方式が一種の集計処理(summary process)であると解釈して，統計調査データに入れて，加工統計とは区別することにする．

　従って，ここでの加工統計とは，異った調査方式で設計された統計調査から得られたデータについて，その調査方法とは独立に別箇に想定された理論モデルに従って，一定の意味付けを行って変換した，統計調査の際の概念からみると再構成された概念のデータを指す．もっとも代表的なこの種のデータは，国民経済勘定体系によって作られる，マクロ・データと呼ばれるものであり，資金循環表や産業連関表もこのなかに入れることができる．これらは，個々のミクロ・データに対して，一定の解釈規則を与えてその合成で作成するものである．従って，そのデータの精度は，合成するそれぞれのミクロ・データの精度に依存することになる．

　統計調査データとの対比で，加工統計データを，このように定義すれば，加

工統計を作成するための推計作業と,計量経済学的分析での各種モデルのパラメータ推定作業とは,データとそのデータを得るための具体的観察行為との対応関係では,原理的に区分することは不可能である.通常計量経済学的モデル分析で,統計データの誤差は無視して,他の定式化の確率項のなかに吸収されてしまっているものとするか,明示的に示す場合でも,自然科学の測定誤差の類推で,使用しているデータが,測定誤差の確率項が含まれているという仮定を置くに留まる[2].一方統計調査データの側では,標本調査の場合には,標本誤差を管理するという形でデータの誤差範囲を明示することが可能である.従って,一応この測定誤差の確率項が標本誤差と対応するという解釈によって,一般的に,計量経済学的分析でのデータの誤差・観察誤差の問題は解決しているかのようにして処理することが多い.しかし,この加工統計データを,統計調査データと区分するという発想は,マクロ・モデル分析の場合に,加工統計であるマクロ・データを使用したときには,データの誤差の直接的尺度が存在していないことを明らかに意味している.従って,経済理論空間とデータ空間との対応関係を規定するのに,経済行為主体との対応関係で,マクロ・データとミクロ・データとを区別するだけでなく,統計調査データに直接依存するミクロ・データ・セット,およびその集計量としてのマクロ・データによるデータ空間と,加工統計量としてのマクロ・データによるデータ空間とを区別して考えなければならない.

　各種統計調査の合成体として作成されたデータベースも,当然ミクロ・データ・セットとその集計量で構成されるデータベースと,それらを基礎として編成される加工統計量のデータ・ベースに区分される[3].後者のデータベースを編成するシステムは,各種の計量モデル作成システムと同一の次元で検討すべき性格のものである.従って,ここでは前者のようなデータベースについてのみ検討する.データベースとして統計調査を編成するときは次の三つの類型を考えることができる.

(i) 通常の印刷媒体の集計結果表の延長線上にある,個別結果集計表(summary tables)を入力し,検索できるようにする.

(ii) 個別の統計調査結果相互を結合することができるように入力する．具体的にはリスト・データの作成に相当する調査結果をデータベースとし，個別の標本調査の標本設計はそれから作り出すという型である．その後の処理については(i)と同じである．

(iii) 被調査者の個体情報の統合が可能な形に，調査結果の相互突き合せ(matching)が行われ，両者のファイルが統合されたものである．(ii)の型のデータベースを，標本設計の段階だけでなく，そこでの個体の情報自体を統合されたファイルに組み込んだ型である．

(i)の型のデータベース編成のデータの構造は，伝統的統計調査の結果表の処理のための構造と本質的な違いはない．データベースの最大の問題である維持・更新管理(maintenance)についても比較的容易である．ただすでに入力された調査結果の組み直しは，原系列の情報のすべてが入力されているわけではないから難しい．現在日本で，各種行政官庁内で編成されているデータベースはこの段階のものが多い．

(ii)の型のデータベースと(iii)の型のデータベースとは，データ構造の面では同質である．すなわち被調査対象固有の識別子(identifier)(以下個体識別子と呼ぶ)毎のデータが処理可能でなければならない．データ構造が，通常の逐次型ファイル(sequential file)であったのでは実用的とはいわれない．現在日本では，(ii)の型までは実用化されている．(iii)の型は，個別経営体の経営管理用ファイルとしては作成されていても，統計調査のためには作成されてはいない．

(ii)の型のデータベースは，個体識別子で検索するのではなく，その属性データをもとにして，検索上必要な条件を与えて，該当する個体を検出し，それに関する附加的情報を得るために別な調査を行って入力するという利用形態に適合したデータ構造であることが必要とされる．また，逆に附加的情報で得られた属性データを基に，母集団パラメータを推定することが容易であるようなデータ構造であればよい．その限りでは，この型であっても，個体識別子を使用していたとしても，その個体の匿名性は原理的には確保されているといえる．

データベース維持・更新でも，個体識別子で，異時点間の調査を結びつけて管理する必要はない．その限りでは，個々の調査結果ファイル自体が成長して大きくなっていくことはない．ただ(i)の型では難しかった原系列に遡ってのデータの組み直しは比較的容易になるといえる．

(iii)の型のデータベースが，(ii)の型のデータベースと異る点は，異時点間の調査を結びつけて管理することが可能なため，被調査個体に関する情報を遡及することが情報として意味をもつことにある．従って，個体の匿名性を確保しなければ，統計調査の基本的前提が崩れてしまう．データベースの構造としては，個体識別子が，単純に生成・抹消されるだけでなく，複数のものの統合と分離とが起ることを前提としなければならない．（例えば，企業が被調査主体であれば，合併・統合や分離・子会社分割などが起るし，家族または世帯が単位であっても同様である．）(ii)の型のデータ構造では，二つの調査の間の識別子についてはグラフ理論でいう方向を持たないリンクを考えるだけでよいのが，(iii)の型については，方向を持った路(path)でなければならない．(iii)の類型は，ミクロ・データ突き合せとして，その問題点と手法とが固められつつある．

3-2 遡及的データベースの編成

電子計算機によるデータベースの作成は，遡及的データベースの編成を容易にするようになった．即ち，多くの統計調査は一回限りの調査ではなく，継続的に一定の期間を置いて行われるのが常であり，それを利用しての時系列データ解析が行われてきた．その場合には，伝統的には集計量相互の間の比較可能性が問題視されていた．しかし，分析が詳細になるに従って，横断面データの継続として時系列データが利用されるようになった．時系列・横断面統合（プール）データを対象として分析する手法である．この場合の問題点は，変数の属性の尺度が時間と共に不変なもの，例えば，性別，年齢，会社種類等である場合には，遡及的にデータベースを編集することは，比較的容易である．これに対し，変数の属性尺度自体が経済と共に変化する，例えば，資本金，世帯所

得といったものであるときには，層化分類に使用した尺度自体が時間と共に変化する．この場合に，遡及的データベースを編成するには，二通りの方法が使用される．

一つは，被調査者の母集団分布における相対的地位は変らないと仮定して，10分位データに変換するといった手法である．いま一つは，被調査者自体を特定化して，調査を通じて，その変動を追跡する方法である．前者の手法は，異時点間で分布の形態は不変であるという仮定を置くのに等しい．後者の手法は，標本調査の場合には，複数の調査を通じて同一調査対象が選ばれるという可能性は極めて少いので，その場合には，対象標本を継続して，被調査者を特定化しうるようにする以外はない．この場合には，逆に被調査者自体が調査されることによって変貌を示す場合があり，その標本としての非有意性という特性が消えてしまうことになる[4]．また，標本調査としての設計が極めて難しくなる．従って，後者の手法を採用する場合には，標本統計調査の設計自体が，全然別箇の手法で検討されなければならなくなる．

この他に，遡及的データベース編成の際に考慮に入れなければならないことは，定性的分類の尺度変数の概念の変更である．広い意味での地域区分，財の種類の分類の変更，職業の分類概念の変更は，これに相当する．

通常これらの定性的概念は，複雑な構成になっていると，十進分類法にみられるように木状データ構造にして編成している．しかし，この構造は，時間の経過と共に変更が必要となって来る．この変更を組み込んだ編成は抽出(summary)データの形で原データベースが編成されているときよりは，被調査単位にデータが格納されている場合の方が，この根本的な変更は容易である[5]．

しかし，より根本的な統計調査の際のデータの概念自体が変更される場合には，かかる遡及的データ・ファイルの編成では解決できなくなって来る．このような変化は調査設計者の側の調査の枠組の変更に起因している．即ち，分析の観点そのものの変化である．例えば，農村の基本的構成要素を農家と考える農業政策においては，基本的農村調査は農家数の累年変動で位置づけられる．これに対して，農村を工業地域に対する労働力の供給源として考えた場合には，

農村人口または農家人口が調査の対象となる.このとき,例えば,統計調査が農家戸数しか判らないデータであったとしたならば,どのようにして農業人口を推計するかというのは,遡及的データベースの編成だけでは処理できない問題となる.この場合には,農家の戸数当り人員の調査を行っているデータとの間を結合子によって結びつけるという作業が必要となる.

従って,前節で検討した形の加工統計を作りうるデータベースの編成が検討されなければならない.

3-3 歴史統計データベースと復元統計調査

a) 復元統計調査の定義

マイクロ・データ・セットを基本としたデータベースの編成は,現時的統計調査のデータベースとしては,複数統計調査のデータ・ファイルの統合データベースとして編成可能であることが明らかとなった.また今後の統計調査をこの体系で開発するならば,多様な開発が可能である.この手法を統計調査の累年集計的な遡及的データベースの編成から,さらに長期的な異種統計調査の統合を含む歴史統計のデータベースの編成にまで拡張するとなると,別箇の問題が発生する.即ち,歴史統計の場合には,現時的な統計調査の場合よりも,統計調査者と統計利用者の距離が大きく,異る問題関心から作られた調査の設計を基礎とした集計表を利用しなければならない.具体的には,作表形式という集計表のデータ構造の面と,データの概念定義という二つの側面で異っている.従って,歴史統計といわれているのは大部分加工統計とみなし得る再推計の数値である.従来の慣用された手法を適用しての加工統計ならば,前述のように,データの精度について定量的に言及することはできない.この点を克服するためには,現時的統計調査データベース編成の技法を応用して,データの精度について順位のついた調査データ系列を,用途に応じて編成して作表するという可塑的データ構造の歴史統計データベースを作成することが考えられる.

現時的統計調査データベースに対応する,可塑的データ構造の歴史統計データベースを編成するためには,原理的には個票段階のデータを入力すればよい.

しかし，表式調査から個票調査への移行自体が極めて時間を要しただけでなく，個票データが残存していることはまずあり得ない．従って，最も詳細な基本報告単位に近い集計表の多重集計したセル単位のデータを入力し，異った統計調査の異った作表のセルを結合する結合子を作成する他はない．

現時的データベースで，異った統計調査の統合の場合の結合子として，センサス統計またはリスト・データが重要な役割を果すことが明らかになった．しかし，歴史統計の場合には，かかる結合子の役を果すセンサス統計調査自体が，少いだけでなく，存在する集計結果表も，結合子として活用するのに十分なだけ多重集計されている場合は少い．そのため，情報量は少くなるけれども，いわゆるセンサス統計調査の予備リスト（「工場統計調査」の場合の工場名簿），またはそのリストに相応するデータを各種資料から復元することによって，結合子を作成することができれば，ばらばらな形で調査設計されていた統計調査結果相互の整合性を検討することができる．このような，本来そのような形で調査されていたものでないデータを利用して，統計調査を事後的に行うことを復元統計調査と呼ぶことにする．

例えば，市町村毎の工場名簿を基礎として，一県の工場名簿を復元し，そこでの従業員数を基にして，事業所従業員規模別・産業別統計を作成する．また，その事業所を所有している企業名毎の名寄せを行うことによって，企業と工場との結合子をつくって，資本金階層別・従業員規模別・産業別統計の編成を可能にすることが，その一例である．これらの場合には，特定の年次を基準時点として，その前後のデータを突き合せることによって，調査のもれの度合を測定することができ，それによって，原データの欠落を補正することができる．さらにこれによって，従来の統計調査，例えば「工場表」との突合性を検討して，この「工場表」データの精度を測定できるし，またそれらを他の統計調査と組み合せて集計するための結合子の役を果すこともできる．

かかる形での復元調査を行って，データベースを編成した場合には，調査精度に関する見当をつけることができる点で，いわゆる加工統計と異っている．本来歴史統計の加工統計は，かかる復元調査を基礎として，その推計値を求め

るべきであるといえる．

 b）加工統計の誤差の測度

　リスト・データの復元統計調査は，既存の各種の統計表の分類基準または層化基準を相互に接合可能な形に組み替えるための結合子を作成することを目的とするものであって，その限りでは，誤差の測度は，このリスト・データのもれの度合で与えられる．かかるリスト・データを復元し，それを結合子として，複数の調査を結びつけ，そのとき結合の基本単位の次元を同じにすることによって，一種の完全接合体系を作成するという手法は，曲りなりにも，加工統計の誤差の測度をもったデータの体系を作る方法であるといえる．

　通常の歴史統計の推計データ作成方法は，かかるデータ相互の整合性の確保よりは，むしろ理論モデルに対応する概念構成に合せるように加工することに力点があり，その点では，先にモデルのパラメータ推計と次元的には異ならないと定義した加工統計範疇に入ってしまう．その加工推計作業は，結局のところ，ある基本的データ系列に対して，補助的情報のデータを用いて，合成変数を作る作業に他ならない．かかるデータ作成法の問題点を例示的に検討するために，補助的情報のデータで，原系列をインフレート(inflate)またはデフレート(deflate)する場合を吟味する．時系列統計であれば，累年の数値がとれるデータXを原系列とし，補助情報データ(デフレータまたはインフレータ)をZとし，いま推計する概念をYとすれば，Yの推計値$\hat{Y}$は，

$$\hat{Y}(t) = \alpha + \hat{\beta}X(t), \quad \hat{\beta} = Z(t_0)$$

で示される．但し，tは時間でありt_0は補助情報が特定時点しか得られないとすると，そのようなデータの得られる基準時点とする．

　横断面データの場合も同様にして，ある基準時データ系列に対して，特定地域等の情報を補助情報として用いることによって得られる．

　このような推計手法が容認されるのは，データの入手可能性の制約からZについては特定の時点しか得られないとしても，理論的には$Z(t)$と$X(t)$とが直交するという仮定が認められる限りである．もしこの仮定が認められないとするならば，このようなデータ加工を行うことは，このデータを使用したモデル

の推計に，一見データを理論的概念に近づけたような錯覚を与えるだけで，実質的には別種の誤差をデータに与えることになる[6]．

データ加工の方式は，理論モデルを設定するときの諸仮定と，モデル推計上の問題としては等価であることを確認する必要がある．実際問題としては，マクロ経済理論の場合に，総計の問題として提起された，ミクロの経済行動と同一の定式化で近似できる条件が，吟味されて来たのに対して，データ構造上は，同一の問題である加工推計の総計の条件の吟味は十分であるとはいわれない．

具体的な例を示してみるならば，日本における農業人口の変動が経済成長の過程でどのように変動したかは，工業労働力市場の形成の関係で，戦後，本格的な論争点となっている．これを量的に測定するのに不可欠な農業人口の長期的データは戦前期には，日本では存在しない．あるのは農業政策との関連で調査された，農家戸数のデータと，昭和5年，15年の「国勢調査」による農家規模のデータであって，これを利用したものとしては，南・小野推計がある．これは先の $\hat{\beta}$ の推計式に当る推計を若干彫琢して，基準年(bench-mark year)の間の直線補間で求める方式である[7]．

しかし，農家規模と農家戸数とは直交関係にはない．何故ならば，農家規模の減少は，(i)農家構成員の死亡と，(ii)分家による当該農家からの流出と，(iii)農村外の都市等への流出・出稼ぎという三つの要素によって惹き起される．(i)は戸主である場合には(ii)と相殺されるけれども，他は(iii)と共に，農家戸数の変動とは独立である．(ii)は農家戸数の増加を惹き起す．従って，(ii)による農家人口の減少は，農家戸数の増加と相殺される．従って，農家規模の減少が農家戸数の増加と独立でない限り，農家規模の直線補間で推計することはできない．

実際に得られる農家戸数が経済成長の過程でどのように量的に変動するかというモデルを定式化する方が，データの精度の点からは，整合的であるといえる．

モデルに対して整合的データを加工するか，データに対し整合的なモデルを選択するかの差であるといえる．これは，モデルの推計を行う際に統計的定式

化を行って，推計を行っているということは，モデルの定式化の誤差に対する測度を与えていることになる．他方データに対しては，誤差の測度を与えないということは，適用の手段相互について，整合性を持たないからである．従って，データに関しても誤差の測度の定式化ができうるように，データの加工を行うか，行えないならば，モデルの定式化を選択する方を採用するのが相互により整合的であることを含意している．

c) 可塑性をもったデータ構造

歴史統計データベースは，そこで使用している定性的概念や，また定量的属性を尺度変換して作られた分類概念そのものを，再び別箇な概念の集合に変換することが可能なデータ構造で設計されることが不可欠である．定量的尺度の変換は，長期の時系列データを作成する場合には，経済発展のある社会では絶えず発生する問題である．定性的概念の分類体系の組替えもまたしばしば起る問題である．通常定性的概念は複雑な構成になっていると，十進分類法にみられるように木状データ構造にして編成している．かかるデータは，第1にこの特定の定性的属性を持つ個体に関するある情報を求めるというのであるならば，それは情報検索の問題となり，そのときには，このデータ構造は，この分類体系を設計した特定の基準からすると極めて効率よく検索しうる構造である．しかし，分類というのは，一回限りであって差支えなくむしろ，絶えず異った分類体系で検索されることを考えた構造がより望ましい．従って，関係形式データベース(relational data base)が，有力な解決手法と考えられる．

分類というのは，十進分類法にみられるように，ある分類概念に属する個体の数量を把握するというだけではなく，分類の上位概念に属する個体を集計するという形で，属性データそのものを，あたかも量化しうるものとして，同質的なものと認められたものについては，その和集合を作るということが目的となる．即ち，特定の細分化された要素についての検索ではなく，ある特定の定性的属性について共通に比較可能な分類項目のデータ構造に集計していくという点が目的となる．かかる定性的属性概念としては，産業分類・商品分類・職業分類が，地域分類と並んで最も頻繁に用いられるばかりでなく，国内的・国

際的に分類コードの標準化が行われている．これは調査者の認識枠の固定化でもある．

分析者は調査者の認識の枠としての概念以上に詳細な細分割された概念によるデータを入手することはできない．しかし，そのことと，この単位となる最小概念要素相互の連結の仕方，その統合による上位概念の構成の仕方とは，別である．従って，概念相互の組替えが自由になしうるようなデータ構造になっていれば，従来「調査者と分析者の視点・関心のずれ」として，統計調査論上の重要な争点とされていた問題のうちのかなりの部分が解消してしまう．即ち，分類を，上位概念から分岐して，最後に原子概念（最小概念要素または分類の最小分節要素）にいたる木状グラフとしてではなく，節(node)をもったグラフであると考え，分析者の視点に応じて，新たなパーシャル・グラフを木状グラフとして定義することが容易にできる構造になっていればよい．

d) 分類概念の再検討

経済分析用のデータベースでは，認識の枠組の変化によって分類替えが起ることを前提とする以上は，使用している概念の意味(category semantics)が明晰に定義されていることが，最小限必要である．この原子的要素概念が十分細分化されて定義されているならば，新しい認識の枠組の変化に伴って，そこで導入された概念は，これらの要素概念の結合で示すことができれば，分類の組替えは適切なデータ構造にして蓄積されていれば可能である．しかし，多くの分類替えがそうであるように，新しい視角で分類の組替えが必要であるときは，既存の原子的要素を分割する必要が発生することが多い．この場合は，何らかの補助調査データを用いて，ある仮定を置いて，事後的に既存のデータを分割してみるより仕方がない．例えば，経済分析用データベースの場合では，産業分類と商品分類に関しては，日本の伝統的生活様式の所産である商品か否か（例えば，着物〔和服〕と洋服，みそ・しょうゆとソース）とか，在来技術であるか否かという二分法で，日本の近代産業社会への変容度を測定しようとした大川一司の試みは，標準分類の分類基準と全く異った枠組によるかかる分類の組替えの一例である[8]．

このように考えると標準分類を作成することは，完全に便宜的作業にすぎないことが極めて明瞭になる．しかし，伝統的には，データベース化の前提の，機械処理の可能な事態を念頭にはおいていなかったので，標準分類という形で，分類上のデータ構造を木状構造にしておくことが試みられてきたのである．

1) Dunn[1974]は，この手法によってかなりの解決が見られると構想しているが，日本のように小地域に人口が密集し，しかもその地形が南北に長く地域間の各種の条件の異る国では標本個体の私的情報の秘匿が難しく有効性が低いと考えられる．
2) 例えば Johnston[1963]の教科書的取扱にも見ることができる．
3) Kurabayashi[1977]参照．
4) 日本では農家経済調査に関して，この点が重要な問題として指摘されて来た．津村[1954]参照．
5) 統計調査の具体的実施面の問題としては，まだ十分研究されていない．
6) 時系列データで，移動平均法等を使用することにより，別種の人為的変動を発生させることはすでに注目されている．これと同種の問題がデータ加工で発生しうるわけである．
7) この周知の重要な論争については，南・小野[1962][1971]，畑井[1963]参照．
8) 大川[1962]．また分類組替えの類例としては，中村[1976]があげられる．

第 2 部

日本の統計調査の制度と精度

I 日本における近代統計調査制度の創出

1 日本の統計調査制度史の時代区分

　統計データの精度は，統計調査手法にも依存する以上，明治以降の日本の歴史統計を分析するには，それらの統計を生み出した統計調査制度そのものの発展を明らかにする必要がある．特に日本の統計が，幕藩体制下での「書きあげ」統計から脱皮して，どの時点から「近代」統計調査手法によって作り出されたものになったと見なしうるかは，歴史統計の信頼度を明らかにするうえで重要な争点である．

　経済成長の実態分析に主な関心のある場合は，明治3年民部省の「物産表」調査が，曲りなりにも全国的規模での表式調査として行われたことを重要視して，これらの数値を基礎として歴史統計の再編に努力が傾けられた[1]．これに対し，統計調査の手法に関心のある場合は，これらの表式調査は，調査報告基本単位が明らかではなく，「書きあげ」統計と同一範疇に入るとし，杉亨二による明治12年「甲斐国人別調」に結実した「小票」(個票)を使用した地域人口センサスの実施が近代統計調査の嚆矢であり，この「小票」調査が，全国的規模で実施された明治42年の工業センサス(「工場調査」)で，近代統計調査が定着したと考えている[2]．

　この二つの立場の差は，統計調査機構の評価にも反映している．後者の立場は「甲斐国人別調」の調査母体の，今日の総理府統計局の前身，太政官政表課の明治4年12月の成立に近代統計調査の機構の基点を求めている．何故ならば，当時のいま一つの中央統計調査機構といえる明治4年7月設置の大蔵省統計寮は，地方官庁や政府官庁の「其考課状ニ従ヒテ類別シテ」統計表を編成することを目的としているのであり，政表課の杉等のように，統計表編成の基礎データの調査手法にも関心があったわけではなく，近代統計調査機構とは認め

難いと判定しているからである.

　前者の経済成長の分析の立場は,どちらかというと表式調査の結果表の発掘・分析利用に急であり,調査機構の制度史に立ち入ることが少なかった.しかし近年細谷新治による明治初期の表式調査の形成史の研究過程のなかで,大蔵省統計寮が,内務省・農商務省の統計調査とも関連して,政表課以上の重要な中央統計調査機構としての役割を,当時の政治権力闘争のなかで果してきたことが明らかになってきた[3].

　この第2部では,かかる問題点の検討のうえで,日本の統計調査制度史の再検討が試みられる.行論の結果を先取りするならば,第1部で提示したデータの理論の評価基準で検討するならば,「表式」調査は調査表様式が統一されている以上,調査使用概念の定義(category semantics)がなされているのであり,「書きあげ」統計と異り,調査数値の集計と異時点間・異地域間比較が可能であり,しかもその集計は,「表式」調査対象リスト,即ち基本報告単位(enumeration unit)リストが確定していれば,調査精度の尺度の一つである調査対象の捕捉率が明らかにしうるという二つの点で,近代統計調査制度の基点とみなしうる.

　したがって,明らかにされるべきなのは,調査「表式」または「様式」がどのような形で確定されていくか,また基本報告単位として,何が把握され,どのような形でそのリストが作成されていくかである.基本報告単位は調査対象空間をどのような操作概念で表現するかの単位である以上,「個票」調査と「表式」調査との差は,この報告単位の操作概念としての水準の違いに帰着する.

　明治5年壬申戸籍調査は「戸」(「家」)という単位による人のリスト作成を開始し,明治16年戸籍様式の改正で一応の完成を示し,明治6年の地租改正は,明治17年で地籍という形で土地のリストを完成し,明治5年の村方三役の廃止に始まる村落の再編成とリスト作りは,明治17年の官選戸長管区制で一応の完了を示すことになる.とすれば,この期間が,近代統計調査実施の基礎条件を形成したときである.同時にこの時期は,日本の統計調査機構が,分散型統計調査制度と一元的統計調査制度との間を模索した時期でもある.

I 日本における近代統計調査制度の創出

　太政官政表課が，大蔵省統計寮に対し，一元的中央統計機構としての地位を確立するのは明治9年であるが，杉等の統計専門家の権限はかならずしも拡大せず，明治18年内閣統計局に編成替えの時点で，実質的な一元的統計調査機関としての機能を失ってしまう．また分散型統計調査の原型は，すでに明治16年の「農商務通信規則」と「戸籍様式ノ制定」による地方分査による省庁別統計調査の実施に見ることができる．

　従来基本的には幕藩体制下の「書きあげ」統計の延長と考えられていた「表式」調査の積極的意義を認めた上で，従来の統計調査制度史の時代区分を再検討してみるならば，いわゆる明治42年が「工場統計報告規則」による「工場表」で画期となるという説もかならずしも説得的であるとはいわれない．

　地方分査・省庁別統計調査で示される分散型統計調査制度が，再び一元的統計調査制度に収束し始めるのは，明治20年代末から明治30年にかけての個票調査(明治26年「農商務統計様式」による「会社票」「工場票」，明治31年戸籍法改正による「人口統計材料小票」)の中央集査の実現を契機としている．

　表式調査的側面を含まず，また業務統計でもないという点からのみ，「工場統計報告規則」による工業センサスの形成をもって，統計調査制度の時代区分としたのでは，日本の統計調査制度を貫く，分散型(省庁別)統計調査・集中型(統計局集中)統計調査と地方分査・中央集査の対立という大きな流れを見失ってしまう．むしろ明治30年代初頭で，個票の使用によるセンサス統計調査が，統計調査の主流であるべきという認識は定着し，その分散型でない実施機関として，内閣統計局が，大正9年第1回人口センサス(「国勢調査」)を経てその立場を鮮明化していく過程が，物の配分センサスである昭和14年臨時国勢調査の実現まで続くとみることができる．この確立したセンサス体系は，昭和17年以降は急速に崩壊していく．なぜなら昭和6年以来の局部的戦争状態は，昭和16年12月で全面戦争に拡大し，それに伴って統計調査も，その体系性を失って，軍事目的中心の戦時動員体制に再編成されるにいたったからである．

　この戦時体制の末期は統計調査の崩壊期とでもよぶべき時期である．即ち，当時の集計処理技術では個票によるセンサス体系の統計調査の調査個票を統計

として有効に活用することができなくなってしまったからである．このような実態が，敗戦後の激動期のなかで，米国のライス(Rice)使節団の勧告を受け入れさせて，センサス体系方式から昭和23年以降標本調査の活用の時期に入っていく．静態調査のセンサスと動態調査の標本調査の組み合せた統計調査方式は，統計調査で捕捉しうる領域を急速に拡大させていった．

この調査領域の拡大は，その後，分散型調査機構のなかで進行していき，戦後の統計改革のなかで作り出された統計基準局という中央調整機構の権限は縮小されていった．この分散化傾向は，電子計算機の発展と産業連関表の作成などの調査結果の表章の相互整合性の追求という二つの要因によって再び止められて，標本調査の導入による戦後の統計調査制度の改革ほど明瞭な時期を画したのではないが，新たな統計調査制度の変革期をもたらした．これは調査機構の再編は伴っていないが，電子計算機によるデータベースの組織化という形で実質的に新しい集中型統計調査制度を作り出したといえる．複数のセンサスで作成された調査結果を個票単位でデータベースとして再組織化することによって，標本調査の抽出母集団リスト(枠; frame)を統合し，しかもその地域単位を行政単位から離れて地域メッシュ(mesh)という操作概念を単位として編成することが可能となり，可塑的なデータ構造を持ちうる統計編成の時代となってきた．従って，この新しい時期をメッシュ統計化の時期と呼ぶことができる．

以下においては，このような時期区分のそれぞれの実態について，より立ち入った検討を行う．そのさい日本の軍事統計を視野のなかに含めることと，日本を戦後の日本領土の範域に限定せず，いわゆる旧「植民地」を含めた日本帝国領域全体を対象とすることに努めた．前者は，敗戦前の日本では軍事秘密の点から公開利用されることが少なかったし[4]，戦後は，後者を含めて，その否定的側面からの追求が多かっただけでなく，特に連合軍の占領下では，プレス・コードの存在等もあって従来の統計調査史の研究では，十分検討されず，正面から検討されることが少なかったからである[5]．しかしこの二つの種類のデータは，日本経済の成長過程の分析で近年急速に使用されることが多くなってきたという点で，統計調査の精度の検討が必要なだけでなく，この検討によって従

来の日本の統計調査制度史の研究の盲点が是正されると考えるからである．

2 調査報告基本単位リストの確定

　統計調査の調査精度の尺度の一つである調査報告基本単位のリストを，一元的基準で日本全体に亙って確定するには，日本全体を行政的に掌握しきることが必要である．行政的掌握には，掌握の地理的範囲が確定することとそこに生活している人間とが明らかにされることが必要である．前者は，(i)自然地理的空間として把握された地図(land map)と，(ii)人間の生活空間として把握された村落地図(village map)を含んでいる．しかし村落の境界は，境界の明示された行政区画という人為的操作概念で明示的に示される必要がある．後者の人間を個別に把握するには，(iii)家族集団の構成員として把握するのが一つの方法であり，伝統的には宗門人別帳の形で把握されていたが，かならずしも全面的なものではなかった．

　この三つの側面からの調査報告基本単位リスト確定の作業は，相互に密接に関連した形で実施されていった．そのさい最初に力点の置かれた戦略目標は(iii)の住民の把握であり，そのための手段としての(ii)の行政区画の確定であった．具体的には，明治4年4月の「戸籍法」による戸籍簿の編成であった．これによる住民のリスト・アップによる直接掌握の準備があって，明治4年7月14日の廃藩置県が実現したとみることができる．実際，明治5年4月9日太政官布告117号により村方三役を廃止し，戸長・副戸長を置く改革は，この戸籍法による戸籍編成のための戸籍区を基礎に，県―大区―小区―町・村―戸という単位による行政系統を設定し，それに対応して，県令―区長―戸長(官選)―副戸長(民選)―戸主(戸籍簿で確定)という人的系統を設定するという関係を作り出して，戸を単位とした人間のリスト・アップ機構の創出を意味している．

　この行政単位組織の系統にある町・村区域は，完全に行政単位の境界の明瞭な村落として把握されていたのではなく，むしろ自然村に相当する．行政単位

として見なしうるのは区の段階であるといえる．さらに明治11年7月公布の地方三新法，即ち「郡区町村編成法」「府県会規則」「地方税規則」によって，町村が行政機構の末端とされ，従来の副戸長に対応するものとして，戸長が置かれ町村会が開かれるようになった（明治13年太政官布告18号「区町村会法」）．もっともこの時の村はかならずしも自然村と完全対応するものでなく，戸数の大小によっては数村に戸長1名を置く聯合村もあった．明治17年にはこの戸長を村方から切り離し行政組織の末端に位置づけるため戸長管区制がしかれ，戸長は官選となり，戸長役場が置かれ，管区戸長と村会，または聯合村会という対応関係で行政区画が定められた．いずれにしても，単に「村」という場合にその区域がかならずしも明晰に定義されているわけではなく，むしろ農業の生産活動の一つの経済単位として機能する自然村の側面が強かった．これらの自然村とは別に行政村が明確に定められるには明治21年の市町村制の施行をまたなければならない．この段階で統計調査の行政的な報告単位の基礎表である村落地図が完成したといえる[6]．

　この間，旧幕藩体制による土地と人間の支配のための地誌的情報の継承は二つの形で行われた．一つは明治5年4月24日陸軍省達72号に始まり明治9年2月8日陸軍省達19号による「刻成共武政表」取調に至る伝統的な集落・村落の名前と人口数調査である．いま一つは，明治6年7月28日太政官布告272号「地租改正条令」により，新たに土地の所有権者を一元的に確定すると共に地押調査の形で丈量し，重複・脱落がないように土地台帳を一応完成させることであった．これは明治14年には一応完結して明治17年3月15日太政官布告7号「地租条令」として地租が確定することになった．しかし地価の評価をめぐって紛争が発生し，問題のある土地については，明治22年までかかって地押調査が行われた[7]．

　この地租改正は，同時に地籍の創出ということでもあった．地籍が定められて，初めて土地は不動産として明確に登記することができる．戸籍制度による戸主は，納税負担義務者であると共に，不動産などの家産所有者として法的にその資格を認定されることになる．従って，この地籍創出は戸籍簿の作成と表

裏の関係にあるといえる．重要なことは，地租改正に先立つ戸籍による人口の把握が正確ではなかったため，明治5年に本籍人口調査という戸毎の人口を検戸法で把握する戸口調査(明治5年1月4日太政官達4号)を行わなければならなかったことである．ここで編成された戸籍が，壬申戸籍と呼ばれているものである．

ここに行政的村落の把握(明治17年官選戸長管区制)，村落の土地台帳とその所有権者の確定(明治17年地租条令)，所有権者としての戸主(明治5年壬申戸籍)という三つの段階のリストが完成したことになる．

壬申戸籍と本籍人口調査 壬申戸籍による本籍人口調査の精度が低かったことは，後の各種人口推計でも明らかにされたが，当時から杉亨二によって，統計調査としては不備であることが指摘されていた．しかも，その後の戸籍法の改定(明治19年実施規則の改訂，明治31年戸籍法の制定)は，行政的な「家」制度による登記簿の編成を目的とするようになったため，壬申戸籍作成も，そのような行政的目的のために編成されたと想定されがちである．しかし本来は，統計調査として実施された側面が強く，その調査票が，戸籍簿として活用されたというのが実態に近いと思われる[8]．

統計調査としての不備は，「戸籍」概念そのもののなかにあったといえる．法社会学者の明らかにしたように，壬申戸籍は，二つの原型となる調査があった．一つは明治元年10月公布，同2年民部官から政府直轄領に令達された京都府戸籍仕法であり，そこでは，すでに，職業・「民産」(田畑山村船牛馬)の記載があったが，これのうち職業は壬申戸籍で「職分表」の形で受け継がれていく．また寄留制度の原型も「他処人来住奉公人雇入仕法」のなかに見られる．一方，もう一つの前身である東京府戸籍法令(明治2年3月行政官達に基き作成)においては，「真人別」と「仮人別」を作り，「真人別」については5年以上在府し一家産業を起した者には戸籍を起すことを認め，そうでないものは「厄介」(附籍に相当する)の部に編入している．

これらと「戸籍法」の異る点は，族籍別を廃止して統一的戸籍を約1,000戸を単位とする新たな行政区画「区」毎に戸長＝戸籍吏によって，もれなく調べようとし，統計報告規定を置き，戸籍統計書式・職分統計書式・寄留統計書式を作って，統計調査としての形式をととのえていた点に求められる．しかも1戸毎に戸籍を作り，6年毎に戸籍改制手続を定めていて，送入籍，戸籍加除手続が不備であったことは，戸籍法の壬申戸籍が多分に静態統計としての統計調査的色彩をもっていたことを示しているといえる[9]．

調査時点での現住人口調査ではなく，本籍人口であるけれども実際上は，「寄留」概念によって，現住人口に近づけようとしたけれども，入寄留に対し出寄留を十分に調査

し切れなかったため，動態統計・静態統計の混合統計として重複・脱漏が多く，人口統計としての精度の低さは否定しがたい．特に，京都府・民部省の争点の一つにもなった寄留を明示することは，出寄留が多くあらわれてしまうと人口が減少してその地域の重要性を低くするという京都府の発想が，京都府のみのものでなかったと推定される以上全国的に出寄留の過少報告があったと思われる．

　この精度の低さは，徴兵制の実施に差し支えるとして，戸籍法改正の導因となり，まず，明治16年11月の内務省「戸籍様式」の制定により，出入寄留の別を明らかにして，この種の混乱に一つの解決を与え，本籍人口と出入寄留の加除で，現住人口統計を作ることを可能にし，明治19年の戸籍法の改正を実現した．しかし戸籍法を改正しても十分でなかったことは，「国勢調査」を実施するための具体的な理由となった．

　いずれにしても，大正9年「国勢調査」で操作概念である「世帯」概念が導入された後も，農家統計などで使用されて，日本の統計調査の重要な概念である「戸」が定義的に明らかに定められたのは，この壬申戸籍法によってである．ただ「戸」の概念の最大の問題点は，生活共同体としての「世帯」なのか，血縁家族集団としての「家」なのかが不明なことである．特に急速な都市の形成に伴って，都市に流出した人々については，「家」には属しているが，生活共同体としての「世帯」には属していない．一方，これらの流出した人々が独立した世帯を形成せずに，他の家の厄介になっている場合には，「戸」としての実態を失ってしまっている．これらを「附籍」と呼んで厄介になっている当該戸の戸籍の末尾に付されることになっていたが，この「附籍」は実質的には同一生計内に組み込まれている点で附籍を含めて1世帯が構成されているとみなしうることが多い．これらの附籍戸は，「家」制度保存のため，戸主の徴兵義務免除という点では1戸に準ずる取扱を受けていたが，いつもその取扱が一義的に定まっていたわけではない．ある場合には，実際の統計処理上は「寄留」と同じ扱いで独立戸とし，ある場合は他の戸に含まれてしまう，といった具合であった[10]．明治31年の民法で廃止されるまで続いたこの附籍制度が，戸を単位とする統計の戸数の算定，戸当り人員の算定にどのような影響を与えていたかは，まだ十分に明らかになっていない．

　地租改正と土地調査　地租改正に伴う土地調査は，田・畑・宅地は明治9，10年に，山林・原野は明治14，15年に終了したものであるが，これは全面的な土地の丈量を伴ったものではなかった．その代り，極めて短期間にその作業を完成させることができたといえる．一方これらの地価査定に対する不満による紛争の続出に対して，全国的に問題のある地点については，明治18年から21年にかけて地籍測量による地押調査が行われた．ただこれは全国にまたがるといっても，全国をくまなく丈量し直したものではない点で不備が残っていた．これらの地租補正作業の担当者の一人が目賀田種太郎(主税局地租課長)であった．地租と結びついた土地調査と表裏一体をなすとはいえ手法的には独立

するものが，陸地測量部の手で行われた地形測量である．

3 地方分査と統計調査所轄官庁

　明治5年の壬申戸籍とそのための戸長役場による調査対象の一元的把握は，明治17年の戸長管区制によって一応の完成を見るが，これが行政機構の末端であるとすると，これらを統轄するものとして明治4年7月の廃藩置県による3府306県の府県制が作られ，これはさらに統廃合を経て，明治9年末には，3府35県となった．当時のさまざまな調査は，中央集査制をとらず，この府県を単位とする地方分査であった．しかも，このときの地方分査の状況は，中央政府の統一様式で各府県に通達するという「表式調査」をとっていても，実査に当ってはこの「表式」を基にして，各府県がその地の実態に合せた「表式」を作成して調査している．当時の行政機構では，郡長が独自に命令することはなかったので，県令，県知事からの通達が，統一様式の単位と考えられる．当時の各県の地方法令集と中央政府の法令集とを突き合せてみると，様式自体が各県で設定されていたことが具体的に明らかとなる．

　例えば，生産統計の最初である『府県物産表』は，明治3年9月民部省達623号から明治5年3月大蔵省37号，6年187号を経て，同じく7年7月内務省布達甲18号に基く調査として，また明治6年の数値は，明治8年に内務省の手により刊行された．この時の「表式」(当時の用語では「雛形」)は品目等については例示列挙であり，「米，〔中略〕薬品，雑品(但以上ニ漏脱スルモノハ此ニ記スヘキ事)」(明治3年9月民部省達623号)，「右之外種類限書出事」「右名目ニ不拘品ニテモ其土地産ノ品物無遺漏取調可申事」(明治5年3月大蔵省37号)といった形であって，地方の府県における自由裁量の余地が残っていた．というよりは，中央政府の段階では各地の実態が明らかではなく，調査品目について完全に掌握しきっていなかったためである．この種の試行錯誤は「表式」の統一を行っても，そこで使用されている物産の数量が，どのような収穫量であるのか，単位が換算可能なものであるのかといった定義がなされなかったため，実

際集められた表は，全国集計が可能なものでなかったことにもあらわれている．このことは，『物産表』の「調査凡例緒言」にも記されており，その時点ですでに調査者にも認識されていた．

かかる「物産調査」の不備を，調査品目を生糸と農産物に限定し，縮小することによって解決したのが「農産表」調査である．明治10年8月内務省達乙72号により，明治9年分の数量から調査され，『全国農産表』として刊行された．この「物産表」「農産表」調査は，集計結果表は，国・郡単位で表章されており，複数の県にまたがるときは国単位である．調査単位そのものは，村落に及んでいることが，野村兼太郎・古島敏雄等の村方文書の分析によって明らかにされている．しかし，これらの村単位の数値が県単位で集計されたものであるのか，中央集査であったのかは明らかではない．『福岡県物産誌』(明治12年刊)などから，県単位での集計がされていたことが推定されている[11]．筆者の偶然入手した『〔茨城県明治11年農産表〕』(表題紙・奥付なし)と，『明治11年全国農産表』と対比してみると，全国表では国段階に集計された量も，県単位に分割しうるように郡数値が分割されており，国単位集計は，全国集計の段階で行われたものであり，調査そのものは県単位で行われたと推定される．

統計調査の実質的精度を規定する「表式調査様式」そのものの実査の方式は，府県が掌握していたとはいえ，基本となる通達の「様式」自体は調査毎に詳細となり自由裁量の余地を減少させていった．ただどのような調査を中央政府のどの省が行うかということが確定していたわけではない．周知のように，明治初期の中央政府の機構は多分に属人的であって，誰がどの省の権力を握っているかで，その省の権限が拡大したり縮小したりする状態であった．権力は，またどれだけの情報量を掌握しているかによって裏付けられる側面がある以上，統計調査も，かかる政治機構の改廃に伴って，その所属が変更するだけでなく，その省の所管事項を越えて拡大されることも多く，各省間の重複調査も枚挙にいとまがない程であった．

明治政権確立期における大隈重信の権力下にあった大蔵省と，大久保利通により，大蔵省より分離拡大された民部省との対抗関係(明治3年7月)と，大隈

による工部省の創設(同年10月),大久保による民部省の廃止(明治4年7月)と大蔵省の権限拡大,さらに欧米歴訪から帰国後大隈と妥協の上,明治7年1月に内務省を設立するといった目まぐるしい動きに伴う戸籍・地租・物産などの統計調査の主務官庁との関係については細谷新治の調査が詳しい.ただここで注目すべきことは,当時の調査の多くは,業務に伴う事例調査的色彩が強く,統計調査としての色彩の強いのは,「壬申戸籍」調査,「物産表」・「農産表」調査程度であったと思われる.調査という言葉はもっぱら,被調査個体に関する照会であって,計数的把握による統計量の測定ということを明瞭に意識した政治家も官僚もそう多くなかった.このなかで,統計という概念を意識していたのは政治家のなかでは大隈重信であった.そのためその権力下にあった大蔵省のなかに中央統計機構としての統計寮を確立することに精力を注いだ.これに対し大久保はこの種の中央統計機構を独自に樹立しようとする意向はなかったと思われる.中央統計機構の成立に努力を傾けたのは,旧幕臣の蘭学者杉亨二であった.杉は,明治元年徳川家に従って静岡県に行き,静岡で人口調査(「スタチスチック・政表」と呼んでいた)を試み,沼津・原で調査を完了し,さらに明治3年7月に政表作成の建白書を出した人物で,明治4年12月太政官政表課大主記に就任以来,大久保の内務省への招きも断わって,「政表」の充実を試みた.

　この大蔵省統計寮と太政官政表課とが,明治政府のなかで中央統計機構としての地位を,明治9年12月19日太政官達116号で終止符を打たれるまで争うのである.前述のように当時の調査様式では,中央統計機構として力を発揮しうるためには,地方から直接に統計調査結果を得る権限が不可欠であった.そのため,政表課は「政表編製付取調ノ箇条及進致日限」(明治7年12月18日太政官達166号)を府県宛に送ったのに続いて,大蔵省も,地方に包括的調査を行う「地方統計表書并解」(明治9年10月23日大蔵省達乙87号)を定めた.後者が「地方統計表編成ヲ廃ス」(明治10年1月2日大蔵省達乙3号)で終ったことが,政表課を唯一の中央統計機構として認定した明治9年の上記の太政官達の実質化であるといえる.

この大蔵省の統計寮が実質的な中央統計機構として機能した時期は短かったが，その間に『〔第1回〕統計表』(明治8年稿)，『第2回統計表』(明治9年稿，例言草稿のみ現存)を作成している．これは，収録内容から見るならば，政表課の『辛未〔明治4年〕政表』(明治5年刊)，『壬申〔明治5年〕政表』(明治6年刊)が，各省の官員数・給与額・経費等に留まり，しかもそれに引き続き当時刊行され始めた『政表』が断片的分冊であったのと比較して，総括統計書としてのまとまりをもっていた．

　政表課が，統計調査専門機関としての権威を確立したのは，この未完結の調査結果表の刊行よりは各省の統計担当官を集め，『政表』編纂のための統計材料の蒐集方法を議論した明治9年6月24日を第1回とし，明治10年3月20日第16回で終った第5科政表掛会議を通してであると推定される．そこでは当時の各省の統計調査，「戸籍調査」，「物産表」などに対する徹底した批判が，政表課員主として杉によって行われていた．

　統計調査を，調査様式を含めて地方分査の形で行う体制を打破する試みは，政表課の一元的中央統計機構の地位確立に伴って行われた．明治12年4月2日付太政官より山梨県への達(「人別調例則」)に基づき，同年12月31日現在で甲斐国一円に実施した「甲斐国人別政表」調がこれである．ここで初めて，統計調査要綱類を作成し，実施の細目まで定めた個票調査が実現した．調査は，約12万枚の家別表(各戸籍を利用しての戸別調査表)の記入による準備から始まり，翌年9月には杉等の巡回調査での家別表・個票の審査を行い，さらにこの家別表から1名毎に個人別小札を作って集計作業を行い，明治15年6月に完成させ，『甲斐国現在人別調』(明治15年刊)と題して上梓した[12]．

　この間，大隈の力で政表課は，太政官統計院に昇格(明治14年5月30日太政官達49号)し，大隈が院長を兼ねた．大隈の統計に対する要求は大蔵省統計寮と同様に独自の統計調査を拡充するというよりは，まずは国勢の大要を把握するのにあり，いつ完成するとも判らない，杉等の方式による「政表」刊行を打ち切り，腹心の矢野文雄の系統の牛場卓蔵による『統計要覧』(明治14年刊)を繋ぎとして引き続き，『統計年鑑』という「各官庁ヨリ徴集スル所ノ統計材料

I 日本における近代統計調査制度の創出

及報告書類」を基礎とする二次統計書編纂刊行する機関の方向を志向するようになった．この方向は大隈の下野に伴う矢野・牛場・犬養毅・尾崎行雄等の退官に伴い，杉の系統の安川繁成が『統計年鑑』編集の任に就ても変らなかった．

内閣制の実施に伴い，統計院は内閣統計局に縮小(明治18年12月25日内閣総理大臣奉勅，内閣82号)し，杉は退官し，同時に明治16年より着手した，静態調査に続く動態人口調査である甲斐国人員運動調(明治17年1月1日より1ヵ年分の調査)の調査票が，明治18年10月20日には西八代・南都留の両郡に関して到着していたのも，そのままで放置されることになり，上記の二次統計書編纂機関となる方針が確定し，日本の統計調査制度は分散型統計調査機構となり，統計局は明治26年には内閣書記官統計課にまで縮小される．

ただ分散型統計調査機構といっても太政官統計院成立前の分散型とは異っていた．太政官統計院は，「統計表調整材料ノ儀」(明治16年12月太政官達65号)に従って，明治17年2月29日の陸・海軍両省の統計様式の制定から始めて8月16日の農商務省統計様式まで，全14省庁局の統計様式を定めた．これは，統計院の『〔大日本帝国〕統計年鑑』の統計表式の改善に役立っただけでなく，各省の「統計年報書」の調査様式の整備に大きく貢献したと推定される．

4 「府県統計書」と「各省統計年報書」

分散型統計調査機構であっても，地方分査であるため府県段階での実査方式が決定的に重要であることと関連して，この時期の各省庁の「統計年報書」あるいは「年報書」に掲載されている統計表については次のような問題点が指摘されている．「表式調査」の結果表の集計に当っては，進達時期までに送られたもののみを集計し，進達もれがあってもそのままである．従って，時系列的には網羅性の度合(coverage)に相違のある場合がある．このことから，例えば，工業生産統計の基本資料である，当時の用語の「勧業」統計は，《中央集査の「農商務省統計表」所収の諸統計表よりは，集計に際し時間的余裕のある「府県統計書」が脱漏が少いし，また各「府県統計書」を再集計することによって，

中央集査の未集計部分が補える》という解釈がほぼ定説とみられている．

ところで「府県統計書」自体は「府県統計書様式統一」(明治17年9月3日内務省達乙36号)に基いて明治17年以降は編纂されているのであって，この内務省の様式である「表式」が，果して各省庁の「統計年報書」等の調査報告様式と同一であるかどうかという問題が発生する[13]．例えば，農商務省の報告様式は，「農商務通信規則」(明治16年12月28日農商務省達21号)に依拠しており，これは従来の内務省「農事通信仮規則」(明治10年11月26日付内務省勧農局長より各府県通達)の発展である．その内容からすると「表式調査」として画期的な発展をとげたものであり，その最初の成果が明治16, 17年を対象年とする〔第1回〕『農商務統計表』(明治19年刊，公報号外)である．このことから『農商務統計表』は「府県統計書」より精度が格段と上昇したと考える立場も出て来た．

しかし，鮫島龍行は，「府県統計書」と「農商務統計表」の工場調査府県別職工延人員総数を対比してみると，後者は職工10人以上を対象とし，前者は明文規定がないので従業員10人以下の工場を含む可能性があるから，当然前者の数値の方が大きいはずで，逆は成り立たないのに，明治17年の前者は後者の70%にしか達していない．しかも，前者に記載のあって後者に記載のない府県は16であるのに対し，後者のみ記載のあるのは4府県であるとして，これらの点から表式調査としての『農商務統計表』の精度の向上に疑問を投げかけている[14]．しかし鮫島に代表されるような「府県統計書」重視の見解も，その大部分は統計調査制度の実態に関する推論部分は資料的制約のため多くの仮定に依存している．この二つの立場の実証上の根拠は，各種のより細かな地方官庁等の統計書によるデータの突き合せを基にした推論によることが多かった．さもなければ，当時の勧業統計の制度の調査根拠法と調査表様式の分析か，各種統計調査の結果表相互の突き合せに留まる議論が多く，調査制度の実態に基く研究は少なかったと思われる．

その後筆者は，明治17年10月25日に開かれた第2回勧業会統計部会の記録などの資料により，当時の調査の実査面の実態について知ることができた．その結果明治17年より実施予定の「農商務通信規則」は，少くとも同年につ

第1表 農商務省の府県通信委員数の変動

	通信委員の実状(単位:人)		
	勧業課	管内	合計
明治15	144	2,000	2,144
16	147	1,850	1,997
17	144(不詳4県) 〔両者共不詳2県〕	1,537(不詳9県)	1,681
18	150(不詳4県) 〔両者共不詳2県〕	1,974(不詳10県)	2,124

(資料) 『農商務卿〔省〕報告』より作表.

いてはかなりの府県でほとんど実際的施行を見なかった[15]. このことは通信規則による統計精度の向上が時間をかけて進行したことを意味する. また各府県の内部での調査様式は決して全国的様式で行われたのではなく, 偏差があると考える方が適切であるという結論に達した. 従って第1に明治17年は「農商務通信規則」はまだ実効をあげる程には実施されておらず, 比較の時点としては適切ではなく, 両者のいずれの統計が信頼に値するかは, これからでは不明である. そのことは通信員制度を古い勧業課通信委員制度から切り替えて任命することが順調に行われたのは19県にすぎないことからも分かるし, 後述するように第2回勧業会統計部会で明らかになったように, まだ実施段階に入っていなかったというのが実情である(第1表参照).

第2に, 比較の対象としている内務省達に従って編纂されている「府県統計書」は, 比較の対象となるような一次調査資料ではなく, むしろ二次統計書というべき編集書であり,「府県勧業年報」が一次統計書として比べられるべきである.「府県統計書」の情報量の多さは, それが「農商務通信規則」調査とは別箇な調査であるからでなく, 当時の統計調査が中央集査でなく府県集査である点に求められる. 従って, 地方分査即「府県統計書」の高精度と短絡させることはできない.

もっとも, われわれの「勧業年報」が第一次統計調査資料であるという仮定が認められたとして, これから積みあげ推計または復元調査を行うには, 府県

の「勧業年報〔書〕」の刊行状況がまだ十分判明せず，また刊行されたことが判っていても現存のものの存否の不明のものが一部にはあることから，まず「勧業年報」の系統的蒐集から作業を始めなければならない段階であることも事実である．

『第二次勧業会統計部日誌』　従来，明治16年12月28日付の「農商務通信規則」前文にある「但シ本文ニ関スル通信事項ハ更ニ主務局ヨリ通牒スベシ」という通信事項・附録様式は見付からず，僅かに佐賀県の様式を基に推論することが多かった．そのため12月段階のこの時点で農業と並ぶ工業・商業の通信事項が定められたと想定されていた．しかし農商務大書記官日下義雄を会頭(議長)として，農商務省より7名，50府県より63名の出席を見て開かれたこの会合の日誌によると，かかる従来の定説の論拠を崩す事実が明かになる[16]．すなわち農業は16年に定められたが，工業・商業は17年に入っての公布で，10月1日からの施行であり，山林は，この17年10月の時点でまだ公刊されておらず，附録様式が段階的に作成されたことが明らかにされた．

会議題は，「統計上各種ノ障碍」であり「昨年来施行シタル当省主管ノ統計調査ニ付各種ノ障碍及ヒ調査ニ因リ生スル弊害等ヲ云フ」と説明が付加され，冒頭会頭がさらにその趣旨を敷衍して述べており，議論の焦点が通信規則がどこまで実施可能であるか，またその実施上の問題点が何であるかにあることを明示している[17]．

ここでの各府県の担当官の意見の開陳を整理してみると，当時の表式調査の実状が浮彫りにされる．第1に調査表式が「市町村のものも全国のものも同一」というわけではなく，各府県でその実状に合せて改変するばかりでなく，場合によってはその府県の表式も郡村にまで通達せずに推計基礎資料の提示を求めて推計値(「推算」「推測」)で替えていることもある．従って，各府県に亙って表式を蒐集して検討しなければ調査表式自体がわからない．

また各省の調査表相互に重複する事項の多いことを指摘する県が多く(9県，但しすでに先に述べられたといって省略する県も多いから，この数値は単なる目安以上のものではない)，場合によっては「法律上郡戸長ノ調査ニ係ル学事表簿及ヒ徴発物件表ヲ如キ類ヲ除クノ外ハ成ルベク各省ノ様式ヲ直チニ郡村ニ達スルコトヲセズ之ニ斟酌ヲ加ヘ以テ其原料即チ基礎トスベキ単純ナル計数ヲ蒐集シテ之ヲ調査スルノ方法ニ従ヘリ現ニ商事工業通信ノ如キ是ナリ」(静岡県加藤則有)として独立の調査を行っていないことを暗示している．また集った者の間から，これだけ各府県の考えが異っていて果して全国統計を得ることができるかとの指摘すらある．

第2に，調査系列としては多くは県庁→郡区役所勧業委員→戸長の経路を建前としているものの，実態的には戸長役場では処理することができず，詳細を望む程かえって不

正確な数値を得るとしている．郡内の勧業委員も無給であるかぎり「徳望家」依存であり，これは事務的には不向きであり，さりとて現状ではこれを変えることは不可能としている．これから後，長く日本の統計調査員を支える名望家方式が，この段階ですでに批判の的であることは興味深い事実である．

なお県庁での中央審査も表中の諸数を計算し誤算なければよしとし，数値の信頼度までは確かめようがないとし，原報告自体対前年比等から見て怪しい数値があっても何ら調べてこないと歎じている．

第3に，この通信規則が何日から実効を示しているかを見ると，「昨年通信規則ノ達アリシニ農務ハ既ニ其事項ヲ発布セラレ商務工務ハ本年ニ至リテ始メテ発布セラレ而シテ山林ハ今ニ至ルマデ猶未タ発布アラズ……其施行ノ遅速此ノ如シ」(三重県岩本勿)であり，この会議の時点で，山形，福井，山梨，山口，宮崎の諸県では調査できないと明言し，青森，福島，茨城，群馬，静岡，三重，滋賀，大阪，鳥取，愛媛，福岡，大分の諸県では着手直後十分に状況を把握できないと述べている．通信員を置く経費がないという府県は11県に及んでいる．従って，通信事項による調査精度の向上は18年以降に持ち越されると思われる．

第4に，調査の精度を規定する個別の要因を挙げると，(i)度量衡制の不統一(5県)と，表様式自体が調査不可能な尺度を求める(例えば鰯の尾数)，(ii)被調査者が地方税の増徴の為の資料と疑って非協力(8県)，(iii)それにもかかわらず調査非協力の罰則に欠け，強制力を持たない(14県)，(iv)簿記，統計の思想が普及していないので，通信員を置く経費がないだけでなく役場に統計主務者を置くことができない．

これらの諸事実は，当時の農商務通信制度の現状を物語っている．またそれが，明治9-10年の政表会議で示された勧業寮の「物産調」への批判と多くの事項を共通にすることは[18]，この会議を召集した農商務省の意気込みにもかかわらず，政表会議の時点と改善の度合に大差のないことを示している．

1)『物産表』，『農産表』の重要性が山口[1963]，古島[1952]等の経済史家に指摘されて以来，経済成長の長期分析の立場からは重要視されて来た．篠原[1972]等．
2) 相原・鮫島[1971]に集大成される日本統計研究所の一連の研究はこの立場である．
3) 細谷[1976/78/74]に詳しい．江見・松田[1975]の小通史もこの立場である．
4) 近年経済史家の間でも注目され始めた明治期軍事統計『共武政表』『徴発物件』はその一例である．ただ従来から地理学者の間で都市・農村の区分といった異った関心から注目されてはいた．石田[1966]およびその後の調査結果は細谷[1974]下第3章．
5) 戦後の日本軍研究の画期をなした飯塚[1950]もかかる時代的制約を免れない．明治期の日本の近代化の推進役としての側面のあった日本軍の統計調査制度に及ぼした影響はまだ十分明らかにされていない．軍医森林太郎のスタチスティク訳語論争以上の意義がある．衛生統計の分野での疾病の分類の標準化はその一つである．

6) 戸長役場の形成と三新法の成立等については，福島・徳田〔1939〕がいまだに重要な文献である．最近の研究としては，神谷〔1976〕を参照．
7) 地租改正に要した期間の長さは，この政治的重要性を示しているが，ここでは統計調査のリスト・データとしての側面にのみ言及し，他の側面は，膨大な研究書にゆだねる．細谷〔1976〕上の一，書誌参照．
8) 「壬申戸籍」の統計調査としての側面を強調した初期の研究としては，平賀〔1953〕．
9) 史実については福島〔1967〕に依る．
10) 神谷〔1976〕は附籍の実態を調査し，愛知県下東西納庫村で全村の 26.7% の戸が附籍を引き受け，村内人口の 5.6% を占め，南信飯田地方では，全村の 5% の戸が引き受け，村内人口の約 2% に亙るとしている．内務省指示にある独立した戸とするには「一家ヲ挙テ各所ニ離散寄食スル」形が多かったため，実際の表式調査の統計表では 1 戸扱にしなかったと推定されるが，神谷は統計報告の原表または往復文書控にどのような記載があったかに触れてないので不明である．日本の場合は，後述の朝鮮よりは縁故附籍の比重が高く，複合家族的性格が強かったと推定される．
11) 野村〔1949〕，古島〔1952〕以来の村方文書による分析は，最近は，長谷川〔1976〕に見られるように，村段階の集計と全国集計との媒介項として府県の郡単位集計を利用して，特定村の位置を明らかにする方向になってきた．この「府県農産表」に相当する刊本・稿本が今後も発見されれば，この失われた環が見付かるであろう．
12) 調査は「家別表」と呼ぶ本籍及び寄留の戸籍簿を基礎としたと思われる世帯毎の他計式調査個票から，中央集査方式で1名毎の「単名票」に転記して集計処理している．当時としては，類のない斬新な手法であっただけに多くの研究がされているが，当時の実査担当者の高橋二郎の回想録でも細部では不分明なところがある．「雇又ハ稼ギ等ノ為メ一国内〔甲斐国〕ニテ同郡又ハ他郡ニ寄留ストイヘドモ出先ニテ所帯ヲ持タザル人ハ尚ホ本籍ニテ取調べ書出スベシ但シ右所帯ヲ持タザル寄留人ヲ出先ニテ書出ス時ハ二重ニナリテ人数ヲ誤ルガ故ニ出先ニテハ取調ブルニ及バズ」(「人別調人心得並家別表書込雛形」)とあり，「所帯を成さざる奉公人の類を本地へ入れたれば欧州の所謂事実人口にはあらず結局常住家族的人口と云ふべきものなり」(高橋二郎「明治12年末甲斐国現在人別調顚末」『統計集誌』1905 年)としているが，「附籍及び同居は其附籍する家及び同居する家の終りに繰込み認むべし」(「家別表写取心得書」)とあるように附籍人・同居人を同一家に含んだ，家族よりは世帯概念に近いと推定される．附籍人の処理は壬申戸籍による人口統計より明確である．所帯規模別表は高橋の記述では村毎に作成した模様であるが，現存の報告書には収録されていない．収録されているのは，一人暮し，家族暮し別の所帯員数であり，前者を含めると平均 4.99 人で，家族暮しのみならば，5.2 人であることが判るに留る．規模別集計という概念が成熟していなかったためである．データ構造も，年齢階層別男女数，年齢別身上の有様(息・夫妻・鰥寡・行方不明・不詳)別数，生国別数といった一元分類表であり，夫年齢別妻年齢別数に二元分類表の萌芽がある．調査で力を注いだと思われる職業調も産業分類に近い 17 業種の内を職業・職種の混合した約 620 項目の細分類項目に分割し，男・女，一人前と否との別で表章している．兼業と本業とを区別して調査し，本業・

兼業の不完全な二元表を作成している．

　「政表」という名で，人口関係属性の他，住居形態・宗教・「精神及ヒ身体不具種類」を調査した他，県庁委託で学校，製造所種類・職工・牛馬水車数等の事業所調査を並行しており，人口調査に留らずセンサス調査の名に値する調査である．

13) この様式は杉の下で太政官政表課に勤務した呉文聡の手による(呉〔1917〕)．明治26年5月に様式廃止後も，各府県の統計書はここでの表章形態を踏襲している．

14) 相原・鮫島〔1971〕71-79ページ参照．

15) 農商務省勧業部統計課『第二次勧業会統計部日誌』(明治17年刊)．第二次という冠辞は勧業会に係る．『農商務〔省〕報告』第1-5回，14-17回等には，これ以外の統計部会合は見当らないが，本書自体が農商務省の当該年次刊行物目録にも記載がなく，筆者が偶然北海道大学附属図書館書庫で発見した，北海道庁からの札幌農学校寄贈本であり，今後とも刊行物目録にない資料の出る可能性はある．松田〔1976〕参照．

16) 早稲田大学石山昭次郎の蒐集による統計調査要綱類の蒐書のなかには，大阪府商工通信事項の別冊(明治17年8月13日付乙109号)と長野県商工事通信事項の別冊(明治17年9月18日付乙190号)などがあり，従来使用されていた佐賀県商業通信事項・工業通信事項の各別冊(前者は明治17年6月18日付乙91号，後者は7月10日付乙119号)と比較することができる．約半年遅れで各府県は通達を出している．

17) 50府県には栃木・沖縄両県を含めているが，出席者名の記載がないので欠席と思われる．ただ府県の出席者には，この両県を各1として63までの番号を付してある．この時点では，これだけ多くの府県の統計調査の実態について記した記録は残っていない．稿本のみ残っている明治17・18年の統計院の世良太一・安川繁成の地方視察と合せて貴重な記録である．世良の稿本については，細谷〔1976〕(上の一)24-27ページ参照．また岡松〔1911〕を参照．

18) 「政表会議」における勧業寮の「物産調」に対する批判は，同調査の精度の検討のために不可欠の資料である．これらの草稿類は，総理府統計局〔1973〕に再録．

II 表式調査から個票調査への移行

1 「工場統計調査」形成前史

　太政官統計院による明治17年の各省統計材料様式の制定と各省の統計調査範囲の調整は，確かに，各省の統計調査方法の進化の導因の一つになったし，日報・月報・季報・年報といった調査報告の編成時期の区分も明確になっていったけれども，個々の省の調査方法そのものは，それぞれの調査経験を通じて試行錯誤を経て進化した側面が大きかった．特に「勧業」統計は，調査対象そのものが，経済成長の過程で変容していっただけにこの過程を明瞭に観察することができる．行政単位を基本報告単位とする戸数・人口・田畑面積・収量といった調査の調査事項をさらに詳細にし，基本報告単位を「戸」といった単位にする調査にまで発展させるには全面的な個票調査に移行しない限り実現は不可能であった．けれども，調査対象の数が比較的少ない工場，会社といった単位を基本報告単位とすることは，表式調査であっても，個別名を識別記号として列挙的に記載することによって実現することができる．明治16年の通信様式のなかの「工場表」は，この一例である．

　「工場表」による調査は，明治19年の改正(農商務省令1号)，明治22年の改正(省令26号)を経て，「農商務通信規則」が，明治27年に「農商務統計様式ノ改定」(3月30日付省訓令14号)で「工場票」「会社票」を採用し，同年5月「農商務統計報告規程」(省訓令17号)に脱皮して，本格的な個票調査に移行することになる．

　この「個票」調査移行期の調査をどのように評価するかによって，表式調査から個票調査への移行期の時代区分が異って来る．通説では，この明治27年の「工場票」「会社票」の導入は，他計式の精度の低い調査であり，この「工場票」調査の拡充である明治42年の自計式「工場調査」(全国的工場センサス

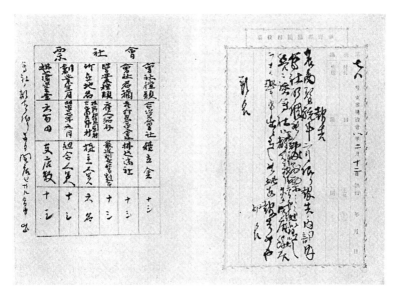

第1図 (i) 「会社票」記入例(徳島県板野郡藍園村)

調査)が全国的センサス調査の画期であるとされている．この立場はまた，統計調査として設計されたのではない業務統計と表式調査とが区別し難い点を重視し，人口統計の分野では，明治32年の「人口統計材料統計小票取扱手続」(明治31年内閣訓令1号乙)で，戸籍簿から作成した「小票」(個票)による静態調査(5年毎)・動態調査(毎年)よりも，大正9年第1回「国勢調査」の実施をもって，人口センサスの形成期としている．

筆者は，むしろ個票調査によりデータ構造が，従来の行政単位により区分された一元的表章から，特定の変数を基準として多元的に分類した木状データ構造をとりうることを重視する．その限りでは，明治26・27年前後に簇生する個票調査は，調査方式がこの時点を画期として変りつつあることを明瞭に示している．

「農商務統計改正要旨」のなかで「従来ト趣ヲ異ニスルモノハ会社ノ調査ヲ一紙ニ列記スルコトヲ廃シテ一票毎ニ記載スルコトナリ是レ資金ノ多少営業ノ種類社債ノ有無又ハ創立ノ年月ニ由リ之ヲ類集セントスルニ方リ直チニ該票ヲ

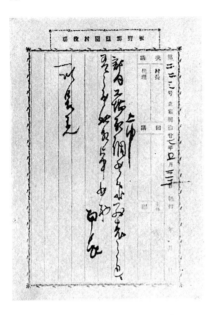

(注) 送付調査表写し(全4表，3葉)(⌐)．送り状控え(←)．

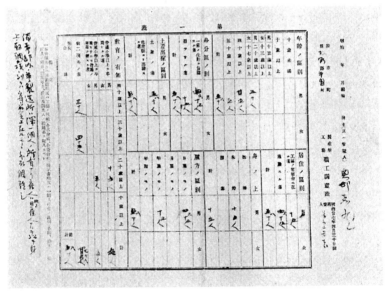

第1図 (ii) 「製造所・工場職工調査表」

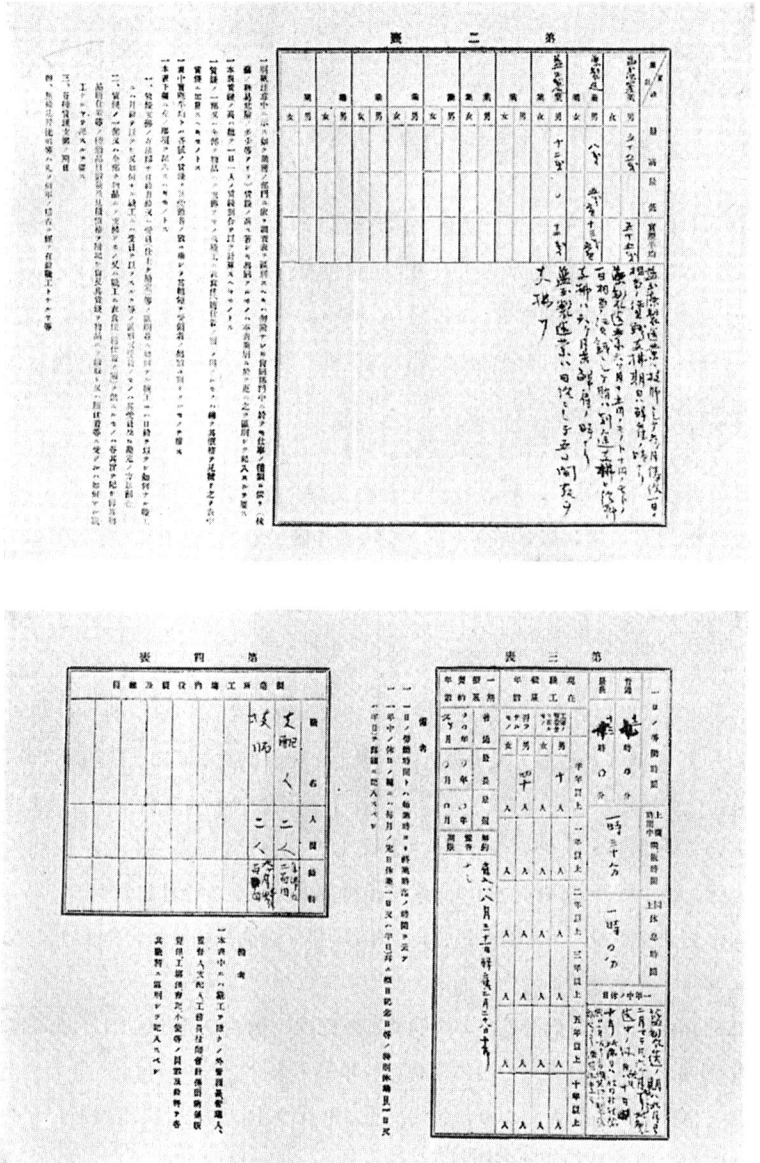

および送り状(徳島県板野郡藍園村)

区別類集シテ整理スルノ便アリ而シテ地方当任者ノ労ニ於テハ更ニ異ナルナキ
カ為メナリ工場ノ調査ニ此計票ヲ用ユルモ亦之ト同一ノ理由ニ依ル」とあり，
明らかにこの点を意識している[1].

　この個票は，12月31日現在で調査し，翌年3月が報告期限として定められ
ている．

　この「工場票」による集計結果は，明治29年度数値から『農商務省統計表』
とは独立に『全国工場統計〔表〕』（〔明治〕29・30年, 明治32年刊；明治31年, 明治34
年刊；明治32年, 明治34年刊；明治33年, 明治36年刊）に従業員規模別集計表が
表章され，日本の統計調査で初めて，規模構造を示しうる木状構造を持った統
計結果表が公表されることになった[2].

　一方「会社票」の方は，『農商務統計表』に掲載された結果表を除くと詳細
表は公表されていない．明治27年数値の『株式会社統計』（明治27年3月現在,
明治27年刊）も，第3部で詳述するように第4回まで刊行されるが，これは「商
法改正」との関連で調査公刊されたもので，「会社票」を活用したものではな
く独立した調査と推定される．

　この株式会社調査に見られるような，同一省内での同種調査の重複実施は，
この他にも発見される．なかでも重要なのは，第1図の写真に示した，明治27
年4月30日調「製造所・工場職工調査表」という調査個票による調査である．
これは土屋喬雄がその調査の存在を指摘し，結果表は刊行されなかったと推定
している明治26・27年の農商務省で実施した調査である[3]．筆者が偶然入手
した徳島県板野郡藍園村役場の勧業関係村役場文書から発見したものであり，
これが表式調査の「工場表」から，明治27年「農商務統計報告規程」の工場
票に移行する過渡期の最初の個票調査であると推定される．

　この調査目的が労働者状況の実態であるだけに個票の調査事項は，工場の名
称や創業年・従業員規模の内に従業員の年齢・家計で占める位置・教育程度・
賃金・労働時間を含んでおり，後の大正13年の「労働統計実地調査」の萌芽
的なものとみなしうるほど詳細である．

　これに対して，明治27年の「工場票」は「鉱山及鉱物精錬所及醸造所」を

含んだ「工場所有主ノ会社タルト一個人タルトニ関セズ職工十人以上ヲ有スル総テノ工場」を調査して「職工人員ノ欄ニハ平常使用スル〔一日ノ〕職工ノ数ヲ掲」げることになっており，その調査項目は，工場名称，製造品種，工場所在地名，持主名，創業年月，職工人員(男・女)，原動力・機関数・公称馬力(蒸気力，電気力，水力〔風力，ガス〕)である．従業員の労働条件等に関する調査事項は大幅に減少している．

調査項目の減少はこの二つの調査が調査目的が異るからだけでなく，同一の「農商務通信規則」の調査系列の「工場表」表式調査の調査項目をとってみても，調査項目，特に資本金・賃金・就業時間等の事項は表式改定毎に減少している．

このことは，調査項目を増加させても，集計作業がそれに伴わない限り，統計調査としては無意味であることを，この明治27年の「製造所・工場職工調査表」調査が未集計で終った過程で経験的に知ったためである可能性がある．「会社票」「工場票」の導入は，杉亨二と一緒に太政官統計院で個票調査の導入を図った一人である呉文聰が農商務省統計課長となって立案したといわれているが，この呉の考えが，この明治27年の「製造所・工場職工調査表」調査に及んだのかどうかは詳らかにしない．前述のように，「工場票」を活用しての多重集計表が独立した統計書として公刊されたのは明治29-33年数値であり，調査もれ，記入の誤りがあったと云われている個票調査が軌道にのるのは，この時点からであると考えられる[4]．

この「工場票」調査は，細野繁荘の回想によると，中央集査で個票審査を行って不審調査票は府県に照会していたことが明らかであり，これから判断すると『農商務統計表』と『全国工場統計〔表〕』とで，数値の齟齬のあるものについては，刊年からして後者が最終集計値と思われる．従って詳細表が得られるというだけでなく，この点からも後者が定本とみなすべきである[5]．明治34年以降明治41年までは独立した報告書が刊行されなかった理由は明らかではない．調査集計が軌道にのって『農商務統計表』刊行時に十分な調査結果が掲載できるようになったためか，詳細表を必要としないという判断なのかは判らない．

ただ調査工場の一覧リストである『工場通覧』が筆者の確認した限りで，明治35年12月末(明治37年刊)，明治37年12月末(明治39年刊)，明治40年12月末(明治42年刊)，明治42年12月末(明治44年刊)現在があり，そこに掲げられている総括表と『農商務統計表』の工場数等で不整合な数値が見られることから，『農商務統計表』記載数値に吟味の余地が残っているのも否定できない．

2 「工場統計報告」制度の成立

この「工場票」使用調査は，明治32年の改正(省訓令34号)で，職工の年齢について14歳以上と未満の区別，賃金，就業時間・日数の項目を加え，明治41年の改正(省訓令33号)では，製品種類別に製造高(数量・価額)を記入するといった点で，調査項目の点からも全面的な工業センサスに近くなってきた．

「工場ニ於テ直接作業ニ従事スル者平均1日5人以上ヲ使用スル工場主ハ地方長官ノ配布スル別記様式ノ工場票ノ相当欄ニ毎5年12月31日現在ニ依リ調査記入シ翌年2月末日迄ニ所轄地方長官ニ報告スヘシ但シ鉱業ニ付テハ此ノ限ニ在ラス」として，自計式で資本設備(原動機数・馬力数)と職工数・賃銀，生産高という工業生産の全側面について，零細規模工場を含めての調査報告義務を定めたのは，明治42年「工場統計報告規則」(農商務省令59号)である．

この規則の成立に伴って，「農商務統計報告規程」が，大正10年に廃止(省訓令8号)されるまでは，a)工場統計調査年の従業員5人以上の規模の工場の自計式調査と，b)それ以外の年次の従来通りの「工場票」による従業員10人以上の規模工場の他計式調査が併存することになった[6]．

生産統計として見るならば，この他に従来通り c)「農商務統計様式」による特定品目についての品目別生産品統計表があり，これには家内工業の生産物を含むことになる．これと，a)，b)両系列の数値がどのような関係にあり，それぞれの信頼度が明らかにされることが必要である．a)とb)については，ちょうど戦後統計の場合の事業所統計調査年の工場数は，他の年次と比べて工業統計の工場数が増加するという事業所統計調査サイクルと類似の現象が，a)系列が

事業所統計調査に相応した増加を示すという形で, 発生している.

　従って, 問題は b)系列の数字がどの程度信頼しうるかということと, b)系列と c)系列とはどのような関係にあるかということになってくる. b)系列では, 工場数, 職工数が地域別・産業別・従業員規模別に示されるが, 生産額は得られない. 篠原三代平は, a)系列の生産額が c)系列の生産額より小さいところから, これは b)系列とは無関係な全数調査であるとして, 生産指数の長期系列の作成に使用している. しかし事態はそれほど単純ではない[7].

　第1に, c)系列は, 調査品目列挙型の表式調査であるのに対し, a)系列は, 逆に従業員規模には制約があるが, 品目については限定がなく, すべての工場を含んでいる. 従って, c)系列の生産価額が b)より大きいのは, 従業員5人未満の工場(含家内工業)の列挙品目の生産額が, 5人以上の工場の列挙品目外の生産額より大であることを意味すると解すべきであろう.

　第2に, さらに問題を複雑にするのは, 明治37年の報告規則改正で「製造戸数ノ調査ハ工場ヲモ1戸トシ計算スヘシ」という一般注意が付加されたことからみて, b)系列の工場票提出分については, 地域や工場によっては c)系列に加算させず, 脱漏した場合があったと推定されることである.

　第3に, 後述の北海道地方の例に見られるように,「会社票」提出企業は「工場票」提出も義務づけられたと解して, 従業員10人以下の工場も申告して農商務統計報告の数値には含まれている可能性が存在する.

　これらのことを綜合すると, 工場数・職工数については, b)系列を使用してどの程度の脱漏があるかを吟味する必要がある. また生産額については, c)系列を使用したとしても定義的にどの範囲が捕捉されているか定かでない点もあり, 地域統計から積みあげての吟味が必要であること, 初期時点でかなりの過小評価の可能性のあることが推測される.

3　生産統計の精度の上昇(地域例)

　表式調査の場合には, その精度は調査対象地域が行政的にどこまで把握され

ているか以外の測度はないのに対し，個票調査の場合には調査対象リストがどこまで網羅的に捕捉されている(coverage)かという測度がある．

明治期の工業生産統計の場合も『農産表』『物産表』の段階から，明治27年に導入された「工場票」による調査で新たな測度を得たが，従来はこの個票調査の測度による精度の吟味よりは，むしろ長期の経済成長を推計する目的で全国統計の『農商務統計表』の府県別数値を各「府県統計書」の数値と比較して前者にもれが多いとして後者の積みあげ統計を作成することも行われている．

これらの手法の妥当性の吟味を事例研究として実際に北海道地域を例にして，明治37,42年，大正3年の3カ年の工業生産額について検討してみた[8]．

吟味している仮説は，これら一連の工業生産統計，当時の用語法でいえば，「勧業統計」については，「勧業年報」が「府県統計書」と比べてより基本的な調査結果書であるということである．

山口和雄がその重要性を指摘して以来「府県統計書」は，勧業統計の基礎資料であるとして，これによって『〔帝国〕統計年鑑』『農商務統計表』の捕捉率の補充を行うのが通例になっている．この通説に対して，「勧業年報」がより基本統計書であると仮定すると，どの程度捕捉率が上昇するかというのが計測の主目的である．

計測の手法は，当時の工場リストにあたるものを再構成し，それらの属性がどのようなものであるかを検討して，統計調査の実態がどのような調査基準で行われたかを明らかにする．さらに，その工場リストがどの程度に調査対象を捕捉しているかを，当時の北海道のなかでの工業地域である小樽・函館・札幌の3区の「区〔市に相当する〕勢統計書」等による，リストもれの部分の生産額の推計によって示し，最終的には北海道地区の工業生産額を復元調査する．

実際に復元調査を行う前に，前節で推論した通説で採用されている，「府県統計書」による復元調査より「勧業年報」によるべきであるという仮説が，北海道でどこまで当てはまるかを検討する．

即ち，考察の対象とする時点での工場調査は，農商務省の手で行われた全国調査(『農商務統計書』に公表される)が，中央集査でなく地方分査であり，こ

Ⅱ　表式調査から個票調査への移行　　　83

の場合は北海道庁の手で行った地方分査であって，その結果表は「府県統計書」に当る『北海道庁統計書』ではなく，『北海道庁勧業年報』に収録されたものである．しかも，その全国調査は，通説では，地方分査の調査結果をそのまま編集したものであるとされているけれども，以下で，この関係はそれほど明瞭なものではないことを示しておく．

　さきに示したように筆者の推論の結論は，『北海道庁統計書』は内務省系の「府県統計書」の様式に従った統計書であり，そこでの生産統計，当時の「勧業」統計については，『北海道庁勧業年報』の簡略化した再録である．さらに『北海道庁勧業年報』は『農商務統計表』の基礎資料である「農商務統計報告規程」にある調査表を使用しているが，この調査は地方分査であるために両者の集計基準は別箇である可能性があり，その限りでは，『北海道庁勧業年報』の調査は「農商務統計報告規程」から半独立的な調査とみなすことができる．

　以下その推論の理由を示す．

　明治37年度　明治37年度の数値は，北海道庁の手によるものとして上記の『第拾八回北海道庁勧業年報（明治三十七年）』（以下〔A〕系列と略記することがある）と『北海道庁第拾六回統計書』（以下〔B〕系列と略記することがある）とがある．

　Aは北海道庁第三部商工課編であり（明治38年4月までは殖民部農工課），その序言で「一，本報ハ各支庁区役所々報ノ農商務通信統計材料ヲ主トシ其他庁中部課ニ於テ調査セシ材料ニ依リテ之ヲ編纂セリ」（傍点は引用者，以下同）とある．農商務省の通信材料をどの程度加工したか，即ち傍点部分にどの程度力点を置くかがこの調査の独立性の判断材料となる．

　これに対してBは北海道長官官房統計課の編であり，「一，本書編纂ノ資料ハ他官庁会社等ヨリ供給ヲ仰キタルモノ尠カラス茲ニ深ク謝意ヲ表ス」とあって出所の詳細は明らかではない．しかし，明治37年の同一数値が，Bの方は1年刊行が遅れて公表されていること，Aの方は統計書と異り「一，本書ノ編輯ハ西川作右衞門，事業手小橋寅造専ヲ従事セリ」と担当者名が明記してあること，これに対して北海道庁第三部商工課長は長官官房統計課長と兼務の安東義喬であることから，Aが基本調査であることが推測される．これは以下の具体的数値の照合からも確認しうる．

　Aの統計表は諸工場と題する，工場業種種類，名称，製品，所在地，資本金，製品価額，器機原動力（蒸気，水力の別），職工及徒弟（男女別数）を記した調査個票の再録に近い表と，〔品目別〕工産物総額と題する，製造家数，職工人員，〔物量表示〕製額，価額を

記した集計表と品目別に支庁区別に集計した表(最後のものは第2のものよりも品目区分が詳細である)とから構成されている.

このわれわれの個票と呼ぶ表から集計して得られる生産価額と,集計表と呼ぶ表から得られる数値とは合致する.また,この集計表の数値はBの品目別生産額と一致する.しかも,Aの集計表については「△符ヲ付スルモノハ工場表其他ヨリ抄出セシモノナルヲ以テ往往全管内ノ事業ニアラサルモノアリ」の注記があるのに,Bについてはかかる注記がない.従って,Bは二次的資料であるという先の推論が具体的に裏付けられるわけである.

また,この注記は農商務通信の利用方法を陰伏的に示しているともいえる.

Aにおける工場別個票から得られる共通の特性は,(1)資本金の表示が可能である会社形態の工場,またはかかる会社に属する事業所(工場)であり,非法人企業は含まれていない.(2)従業員規模は,職工及び徒弟数1名の企業をも含み,従って従業員規模にかかわらず集計されている,という点にある.

筆者はこの調査の原表は「農商務統計報告規程」の会社票と工場票とを組み合わせて集計したものにあるのではないかと推定している.周知のように農商務統計報告中工業関係は工場票を使用して,調査員の手による他計式調査で行われている.そこでは,「工場所有主ノ会社タルト一個人タルトニ関セス職工10人以上ヲ有スル総テノ工場」が調査対象となる.この対象規定が会社票調査では「会社ニシテ工場ヲ有スルモノハ別ニ工場票ヲ差出スヘシ」と定めていて,その場合に職工10人以上という工場本来の規定が適用されるか否かは明文規定はない.先にAについて検討した結果からは,北海道庁の調査では,会社形態のものの工場票については,《10人以上》という規定は適用せずに,その分の工場票も工場票の集計に含めたのではなかろうかと推定する.従って,工場票による通常の農商務統計での工業生産高統計と工場票と会社票を中心として集計し

第2表 従業員規模別製品価額表(明治37年)

従業員規模 (人)	会社数	従業員数 (人)	1社平均 従業員数	製品価額 (円)	1社平均 製品価額
1-9	10	51	5	270,266	27,026
10-24	46	736	16	4,300,771	93,495
25-49	14	577	41	1,544,842	110,345
50-99	9	581	64	442,290	49,143
100以上	8	2,507	313	2,097,399	262,174

(注) 1) マッチ製造工場を除く.
2) 製品価額・従業員数のいずれかの不明な企業は除く.
(出所)『第拾八回北海道庁勧業年報』289-293ページにより作表.

たと思われる『勧業年報』の生産高統計とは，一応調査範囲を異にした別箇の半独立的調査であると理解される．

この両統計での調査範囲の定義の違いによる生産額の大小については速断することは不可能である．

ただ会社形態のものについて，従業員階層で10人未満と10人以上とに区分けして製品価額を集計してみると第2表のようになる．

明治42年度と大正3年度 明治39年以降，『北海道庁勧業年報』は『北海道庁統計書，勧業之部』に統合される．従って，ここでの問題は『北海道庁統計書』と『農商務統計表』と，この年次から実行される「工場統計報告規則」による工場統計調査との関係になる．

前節で示したように，この工場統計調査は被調査体の自計式調査で大正9年の改正までは5年に一度行われたのであり，その調査年次については，従来の農商務統計様式中の工場票による調査は免除されている．

この工場統計表の府県別表による品目別生産額(以下〔C〕系列と呼ぶ)は，『道庁統計書』による品目別生産額(〔B〕系列)とは食違っている．しかもその差は一義的方向を持たず，概してC＞Bであるが，季節性の強い食料品工業などではC＜Bであり，しかも北海道の場合は，食料品工業の比重が大きいのでその結果，生産価額統計ではC＜Bとなってしまっている．

この理由は明らかではない．あり得べき可能性は，〔B〕系列は工場統計の結果を利用せずに，この年次も前記の免除規定があるにもかかわらず，「農商務統計報告規程」に基く他計式調査を実施したという場合である．何故なら，『第弐拾壱回北海道庁統計書，第弐巻(勧業之部)』の凡例に「本巻ハ支庁，区役所々報ノ農商務統計通信ヲ主トシ庁中勧業部，拓殖部，土木部及其他他官衙ノ調査材料ニ依リテ編纂セリ」とあるからである．仮にこの推論が正しいとしても，いずれの数値がより信憑性があるかという問題がのこる．通説は，自計式工場統計表に比較して他計式の農商務統計はリストもれがあるとされている．しかし，上記の検討の結果は，北海道に関して一方的に「農商務統計報告規程」による数値Aに《もれ》が多いと速断することはできない．ただB系列よりも生産総額において大であるにもかかわらず，なお《もれ》があることが確認されている．

即ち，『道庁統計書』で道内各地域生産額の時系列データを作成すると，ある地域で特定年次について生産額の記載がないにもかかわらず，その地域の「地方市町村統計書」を利用してその年次の生産額を調べると，零ではなく明らかに『道庁統計書』の報告もれである場合が発見される．以上の状況は大正3年度の統計についてもほぼあてはまることが確認される．

以上の検討から知られるように，『道庁統計書』に記載されている数値は調査方法が

明瞭でなく,従って一般に想定される以上にその信頼度については事前に十分な検討が必要であることが明らかになった.少くとも追跡可能な報告単位(enumeration unit)にまでおりて,その数値を吟味してみることが必要となって来る.今上記の3時点について各統計書の調査要項を一覧すると第3表のようである.

第3表 地方統計書の表章単位例

	明治37年	明治42年	大正3年
道庁統計書	規模不明 市町村単位	規模不明 市町村単位	規模不明 市町村単位
勧業年報	従業員1名以上 工場単位	従業員1名以上 工場単位	———
工場統計表	———	従業員5名以上 北海道	従業員5名以上 北海道

以上の調査様式に従う統計の調査対象の捕捉率の検討以外に,調査自体の精度がどの程度であるかを検討しなければならない.しかしこの点については一般的にいいうる以上の資料はない.即ち,企業データの場合,利潤・附加価値生産額と異って物量的規定の比較的容易な生産数量については精度が高いが,それも相対的な問題であり,小規模生産者の場合,その数値は精度が悪くなってくる.明治期の帳簿記帳慣習の不備な段階では,特にそうであるという以上の推論は現在の時点ではなしえない.

試論的推計 前節での検討に基いて統一的基準で調査もれの数値を補った北海道工業生産総額を推定するために,次のような前提を置く.(1)出所を異にする,従って調査様式を異にすると思われる,他の傍系資料によって得られる生産額を併用する.(2)工業の定義を製造主体の性質(例えば5人以上の従業員規模の工場等々)に依存させずに生産物によって定義する.従って,手工業的生産に近い在来工業(製粉・精米等)をも含まれるとする.

(1)はこの段階では,傍系資料である地方役場の表式調査と道庁役人の表式調査では質的差がなく,むしろ地方役場の調査対象の捕捉率は高いと考えられるから問題はないであろう.

(2)の前提には若干の疑問が生ずるであろう.分析目的によっては,むしろ在来的工業部門を近代的工業部門と区別するのが望ましいかもしれない.特に《もれ》の多いのが精米・製粉工業などの食品加工業や,木造船を含むと思われる船舶諸機械製造業などであることを考慮に入れなければならないからである.

しかし,今(1)(2)の前提が受け入れられたとして,工業生産総価額を推計すると第4表のようになる.明治37年段階では約40%の生産額の《もれ》があったものが,明治42

第4表　工業生産総額の調査もれの度合(単位：千円)

	道庁勧業年報 A 道庁統計書 B	工場統計表 C	辺見・松田推計 D	D/(A・B) (%)
明治37年	7,819+	——	12,528	160.22
明治42年	13,343	9,989	13,575	101.73
大正3年	28,725	26,907	27,721	96.50

(出所)　付表 A 参照(本文 190 ページ).

年以降ではその差がなくなって来る.

残された問題点　(1)ここでは一応比較的信頼度の高いとされている工場統計調査年次を中心に検討したけれども，この中間年次についても検討する必要がある.

(2)また問題の所在で示したように附加価値額での推計が必要である．これは特に，例えば麻などのような糸や，布になって移出される繊維工業，同様に原材料・半製品の移入入の伴う鉄鋼業の北海道工業に占める比重を考慮に入れると，この問題の重要性が理解できる．

(3)ここでの推計は実質化されていないので実質化の為の deflator が必要となる．しかし歴史統計の場合，地域物価指数を作成することは資料的に非常に難しい．また北海道の場合，道内の地域価格差が大きい．このような場合，比較的生産の近代化の進んだ地点の価格で deflate すれば，Gerschenkron 仮説の示すように未発達地域の前近代的工業生産額を過大評価する危険が存在する[9]．

これらの諸問題を解決するためには，まず一次資料の系統的収集・整備から始まる共同作業が必要であろう．

4　中央統計調査機構の復活

明治 18 年末の太政官統計院から内閣統計局への編成替えは，実質的には中央統計機構としての機能の停止であると述べたが，明治 20 年代末は，個票調査時代の開幕であると同時に，内閣書記官統計課にまで縮小された統計局が中央統計調査機構として復活する時期でもある．明治 29 年衆議院「国勢調査執行建議」，明治 30 年貴族院の「政府ハ統計事務ヲ拡張シ中央統計機関ヲ整備」する必要のある旨の建議(「統計事務拡充ニ関スル建議」明治 30 年 3 月 15 日)を受けて，統計局はセンサス調査機関として，前述の戸籍法の改正を機に「人口統計

第5表　中央統計機構の人員変化

明治	勅任	奏任 専任	奏任 兼任	準奏任	判任	等外(雇)	集計係	総計	備考
4					4	—		4	太政官政表課時期
5		1	—		6	—		7	
6		1	—		8	—		9	
7		1	1		24	—	⎫	26	
8		1	1		23	1	｜	25	
9		1	—		28	1	｜時に数名	30	
10		1	—		27	1	｜の臨時備	29	
11		1	—		25	1	｜発生	27	
12		2	—		26	1	｜	29	
13		1	—	1	18	—	⎭	20	(太政官統計課)
14		4	—	1	23	1	20余	49+	太政官統計院時期
15	1	5	—	3	30	8	20余	67+	
16	1	5	—	1	32	10		49	
17	1	5	—	2	32	26		66	
18	1	5	—	2	23	27		58	(統計院)
19		2	—	1	16	4		23	(12月末日)、内閣統計局時期
20		2	—	—	17	10以内		29—	
21		2	—	—	18	10以内		30—	
22		2	—	—	20	10以内		32—	
23		2	—	—	20	10以内		32—	
24		1	—	—	?	10以内		?	
25		1	1	—	?	10以内		?	
26		1	—	—	22	10以内		34—	内閣書記官統計課
27		1	—	—	21	10以内		32—	
28		1	—	—	21	10以内		32—	

				10以内		内閣統計局時期
28	1	—	—	20	10以内	—	31—
29	1	—	—	20	10以内	—	31—
30	1	—	—	18	10以内	—	29—
31	1	2	1	16	2	—	22
32	1	2	1	24	8	59	95
33	1	2	1	22	10	40	76
34	1	2	1	23	10	41	78
35	1	2	1	20	12	43	79
36	1	2	1	20	10	49	83
37	1	2	1	19	11	99	133
38	1	2	1	16	7	73	100
39	1	2	1	17	7	44	72
40	1	2	1	17	6	100	127
41	1	2	1	18	7	77	106
42	1	2	1	14	13	118	149
43	1	3	2	14	15	130	165

(注) 1) 概数表示のある年度の総計の数字には、未満には「－」印を、以上には「＋」印を、以下には「±」印を右端に付す。
2) 集計係には月給の者も日給の者もある。臨時傭については延人員ではない。明治31年以降は「年末調」としてあるが、最大の数をとったものと思われる。

(資料) 高橋二郎「本邦中央統計機関の沿革」『統計集誌』明治44年12月により作表.

材料小票取扱手続」による人口調査の所管機関となった[10].

統計局の機能の復活は，集計要員の人数の増加で測定することができる．当時の集計技術では，個票調査の中央集査は，人海戦術によらざるを得なかったからである(第5表参照)．当時の代表的個票調査である農商務省の前述の「工場票」「会社票」の全国集計に必要な処理個票数は，甲斐一国の戸口調査である明治12年の「甲斐国現住戸口調」の個票数規模程度であることは，人口調査の場合に家または「戸」を基本報告単位とする人口センサス調査実施の難しさを示している．統計局も集計処理の機械化を計画し，明治35年に逓信省電気試験所・電信灯台用品製造所に集計機械の作成を依頼し，明治39年には川口式電気集計機を完成させる一方，米国のセンサス局のセンサス調査の実情を調査し，機械の輸入を試みている[11].

この「人口統計材料小票取扱手続」による人口統計調査の統計局移管は，戸籍事務が明治31年の「戸籍法」(同年6月15日法律15号)で内務省から司法省へ移管されたのを契機としてなされたのであるが，人口統計以外の分野では一度確立した分散型統計調査機構を崩して集中型統計調査機構を全面的に復活することは難しい．ただこの明治30年代初頭で，統計調査のあるべき型は個票調査によるセンサス統計であることだけは，統計調査を設計する専門家の間ではほぼ共通の認識として確立したといえる．それだけでなく人民の把握のための法的登録手段となった戸籍制度を利用しての業務統計から独立した統計調査でなければ，現住人口を正確に把握できないことが，政府部内でも認識され始めた．特に明治27-28年の日清戦争を経験した陸軍の中枢部では，徴兵制の関連で正確な人口統計，特に年齢別人口データの必要を痛感していた．このような政府内部の人口統計調査に関する認識の変化と世界人口センサス年の1900年に人口センサスを実施するようにとの国際統計協会からの勧誘などは，人口センサスの実施を本格的に政府に検討させる要因になった．

そして「国勢調査ニ関スル法律」(明治35年12月1日法律49号)で明治38年実施が決定された．しかし当該調査費を計上した予算案は議会を通過せず，さらに明治37-38年の日露戦争により，明治38年2月同法の改正で実施は無期延

期された．

この間,「甲斐国現在人別調」の後を受けて，特定地域の人口センサスを実施する地域が増えたが，その調査結果は，戸籍統計に基く現住人口との差が多いことを明瞭にし，人口センサスの必要性が事実の裏付けをもって明らかになって来た(第6表参照)．しかし実際の実現は大正9年をまたなければならなかった[12]．

第6表　公称人口と市勢調査人口との差

	明治41年公称人口 (a)	市勢調査若ハ職業調査人口 (b)	(a)−(b)	公称人口調査時に対し
東京市	2,168,151	1,626,103(明治41年10月1日)	542,048	3ヵ月前
神戸市	377,208	340,324(明治41年11月1日)	36,884	3ヵ月前
熊本市	57,049	54,558(明治41年4月25日)	2,491	1年8ヵ月5日前
札幌区	70,075	56,349(明治42年3月1日)	13,726	2ヵ月後

（出所）　牛塚虎太郎(内閣統計局長)「国勢調査実施ニ関スル件意見」別冊(「国勢調査施行ノ議」),『総理府統計局百年史資料集成』第2巻，人口(上), 874ページ再録.

明治末期から大正期を通じての統計調査の第1の特徴は，業務統計と統計調査の区分が明確化されることである．統計調査が個票調査の形態をとることが，確立するに伴って，個票内容は直接被調査者の私的生活内容に関するものであるだけに，私的情報(privacy)秘匿の問題が発生する．従って第1に，統計調査については，調査個票の内容に関して調査者側に守秘義務が課せられた．これまでの調査は守秘義務よりはむしろ被調査者に調査拒否・虚偽申告の場合に罰則をもうけることが通例であった．明治31年呉文聡の「国勢調査条令案」「国勢調査私議」で，第3条の罰則規程と並んで，第6条に調査員は「長官外，国勢調査の書類を他人に示す可らず」としてその違反には第3条の罰則を援用するとしている．明文規程としては明治38年「臨時台湾戸口調査調査員心得」第5条に現われ，内地では大正9年「国勢調査施行令施行細則(大正8年5月28日閣令5号)」第11, 12, 16条に現われる[13]．

これらの調査内容に関する守秘義務が政府のなかで定着していくのは，一方では，統治対象の把握という明治政府形成期の統計調査の目的から，「富国強

兵」に直接かかわる生産統計と人口統計に関心の集中があり，他方かかる「富国強兵」という国家目標の実現には，国民生活の実態把握が切り離せないものであるため，調査内容も国民の私生活に亙るものが急増したからである．具体的には，家計調査，賃金調査，就業実態の調査などの労働調査である．第1の分野では，明治40年代に始る生活調査が，明治44, 45年の内務省地方局「細民調査」を生み，さらに高野岩三郎の大正5年5月「東京ニ於ケル二十職工家計調査」を皮切りに各種の近代的家計調査が各地で行われ，「熱狂的な流行」といわれる程になる[14]．内務省社会局では，大正12年から14年にかけて「給料生活者及労働者の全国的生計費調査」を計画し，最終的には関東大震災の後，内閣統計局所管の大正15年の「家計調査」として約6,500世帯を対象とする全国調査として実現した(この後昭和6年度より年次調査として継続していく)．第2の分野は，大正5年「工場法」施行(明治44年公布であるが「同法施行規則」〔大正5年8月3日農商務省令19号〕に基きこの年より実施)に伴い，「工場監督法」など労働者保護立法を実施する．その一方では労働条件の実態の調査として，従来の「工場調査」に加えて，「統計資料実地調査ニ関スル法律」(大正11年4月19日法律52号)，「労働統計実地調査令」(大正12年5月23日勅令266号)に基く「労働統計実地調査施行規則」(大正12年6月1日内務省令16号)を定め，30人以上の労働者を使用する工場と50人以上を使用する鉱山を対象に大正13年に第1回調査を全国規模で実施した．この他大正14年には「失業統計調査」(「失業統計調査令」大正14年5月23日勅令202号)も行われた．これらのうち政府調査については，法律で明確に調査の個票内容についての守秘義務が調査員に課せられている．

この時期の統計調査の第2の特徴は，分散型統計制度から一元的統計制度への収束である．具体的には主要な統計調査であるところの「家計調査」や「労働統計実地調査」などが内務省社会局で立案されたが(社会局官制大正11年11月1日勅令460号)，大正14年4月の官制改正によって(大正14年4月1日勅令109号，勅令66号)，この労働統計は統計局に所管替えが行われるという形でこの分散型統計制度から一元的統計制度への変容が始ったことである．大正14年

には農商務省が農林省と商工省に分れ,同時に「農商務統計報告規程」が廃止され,生産統計調査制度にも大きな改革が行われた.このうち農林省所管の農家調査は,昭和4年法律1号で「統計資料実地ニ関スル法律」の改正により「農業及労働ニ関スル……本法ニ依ル実地調査ヲ行フコトヲ得」(傍点引用者)として,農林省以外に統計局もこの分野で実地調査を行っていく.

これらの統計調査内容の拡充と並行して,日清,日露,第一次世界大戦を通じて,日本は「植民地」領を獲得し調査範囲をも拡大していくことになる.この旧「植民地」における統計調査は,従来かならずしも充分検討されていなかったので章を改めて分析してみる.

1) 『農商務統計様式質疑録』(s. l. n. d).
2) この段階の工場規模別表は,総数,その内職工数30人以上のものの2分類であり,10人以上30人未満の規模を求めようとするならば,総数との差で計算しなければならなかった.現在の規模別表の作表形態が定着するのは後である.データ構造の点からは最初の個票データを処理した『甲斐国現在人別調』の段階からあまり進歩していなかったことを推測させる.
3) 通商産業省編『商工政策史』第4巻(昭和37年刊)で調査の存在が指摘されているだけなため,従来あまり注目されていなかった調査である.
4) 相原・鮫島〔1971〕(59-69ページ)はこの段階の調査の精度は低いとして,「工場統計報告規則」以前の調査の数値の利用について否定的である.その根拠の数値の非整合性については,松田〔1976〕で反論したが,いまひとつの根拠の細野繁荘の回想も,「工場統計報告規則」以前の小票調査の精度の全面的な否定と読むことは難しい.当該箇所の全文は「工場調査は明治28年より小票を用ゐましたが,地方より提出して来る小票に就いて点検するに,或は調査漏れあり,或は記入の誤りあつて,信用を措き難いものが少くないと云ふので,明治42年の12月25日に,省令第59号を以て,5年毎に本規則に依つて調査報告せしむることとし,工場主にして報告を怠り,又は虚偽の報告を為したるときは25円以下の罰金に処することとされました.」(呉〔1973〕第3巻伝記283-284ページに再録,傍点引用者)であり,罰則をもうける一つの根拠づけであったことが若干の留保のニュアンスにうかがえるし,さらにこれは調査票の点検をして集計したことを裏付けていると読むことができる.
5) 『第十七次農商務統計表』(明治35年刊)と『明治33年全国工場統計表』(明治36年刊)との照合では,全国計では7,284対7,285と工場総数はほとんど変らないが,府県別・形態別では差が見られる.検討結果の詳細は別に公表する予定である.
6) この「工場統計報告規則」に至る調査項目等の変遷の詳細は,日本統計研究所〔1960〕,近藤他〔1966〕を参照.工業統計調査以降については,米沢〔1945〕が詳論している.通商産業省編『工業統計50年史』の資料編は,調査記録の資料集としては極めて不備で

ある．資料集編集の過程で内部資料としては蓄積されたであろうから公表されることが望まれる．
7) 松田[1976]参照．
8) この推計作業は，田中[1963]の労作のなかで，筆者が不十分であると考えた，統計調査史的側面を吟味した松田[1964]から抄録した．作業では残された部分，不十分な点が多々あるが，現在北海道地区の資料を再渉猟する便を持たないので誤植の訂正のみで旧稿の数値の改訂はしていない．
9) Gerschenkron 仮説については，松田[1964]参照．
10) 明治31年の人口小票を使用した新たな人口静態調査に基き，明治以降の人口統計の資料の再検討の作業が花房直三郎統計局長の下でなされ，『明治31年日本帝国人口統計』(明治34年刊)に引き続き，『維新以後帝国統計材料彙纂』の形で明治末年から大正にかけて公刊され，この後急速に人口統計の実証的研究が盛んになる．さらにこれ以降の時期のデータの精度については「大正9年国勢調査」によって明らかにされていった．森田[1944]を参照．国勢調査前史については，森田・(高津)[1948]を参照．
11) 統計局における集計機械の進歩については，友安[1975]が詳しい．また，国勢院『国勢院第一部』(大正10年刊)に当時の作業場の写真と共に解説がのっている(総理府統計局[1973]に再録)．
12) 第1回「国勢調査」の施行については，多くの研究がなされているが，ここでは松田泰二郎[1948]と上杉[1974]をあげておく．後者は軍事的必要性，生命保険協会などの要求と合せて旧植民地で先駆的作業の行われたことについて詳論している．
13) 日本における私生活情報の保護の形成過程については，友安[1975]を参照．ただ，そこでは大正9年の第1回「国勢調査」にその始まりを置いているが，本文に示したように台湾での戸口調査ではすでに明示的に採用されている．また加地[1940]は，戦時体制下での調査官の意識を示している点で貴重である．
14) この家計調査の最初の流行期は権田[1933]の記述が，いまもって一級資料である．第二の流行である第二次世界大戦直後については，大原社会問題研究所[1949]と日本統計研究所[1960]を参照．

III 日本における旧「植民地」の統計調査の制度と精度

1 植民地の形成と近代統計調査制度の創出

　日本のいわゆる旧「植民地」の統計調査制度が当時の呼称での「内地」の統計調査制度とどこが同じであり，どこが異なるかを概観することは，いわば，日本の旧「植民地」統計という鏡に写された日本の「内地」統計を見ることによって，「内地」，旧「植民地」の統計の精度を逆に明らかにすることにもなろう[1]．ここでいわゆる旧「植民地」といっても，a) 朝鮮・台湾・関東州，b) 南洋群島，c) 樺太・千島とでは，その植民地化前の政体や，植民地化の経過も非常に異っているけれども[2]，日本の植民地政策の一貫した特徴は，統計調査の制度的な観点からは，いわゆる日本「内地」と同一方式の採用，あるいは「内地」で実施したいことの先取り的施行である．この点ではヨーロッパ系諸国の植民地 (colony) 行政にしばしば見られる，社会的・文化的背景を理由として，統計調査制度を含めての，彼等の本国の行政体系とは異る制度をとる方式ときわだった相異を見せている．この日本の方式への「統一」が，日本民族の主観的評価とは別に，客観的には朝鮮の場合の創氏制や神道の神社の建立と同様に，これを「押し付け」と解することのできる側面もある．けれども，統計調査の場合には，近代国家形成に不可欠なものであるだけに，近代統計調査制度の創出がそれぞれの民族にとって必要であったことは否定できないであろう．しかしそれが日本政府の支配機構の維持の手段でもあったことは，また別個の評価をもたらすであろうが，この点についてはここではこれ以上触れない．

a) 植民地の形成と統計調査

　明治初期の段階で日本全体を，統計調査の対象として把握したことは，日本全体を等質的な国民国家として摑まえきったわけではない．けれども，その非

等質性はかならずしも法制的差を伴ったわけではなかった．例えば，地租改正過程で，戊辰戦役での反明治政府の諸藩は地租の査定が重かったことは，つとに指摘されているが，これは調査様式自体に法制的な差があったわけではない．廃藩置県の際，北海道(千島)と樺太はそれぞれの開拓使の管轄に置かれたことは，これらの諸地域を他の府県(内地)に対して外地として意識させることになった．けれども，明治4年8月7日の両開拓使の併合，明治8年5月7日千島樺太交換条約で樺太の放棄があり，明治15年2月8日開拓使制度廃止で根室・札幌・函館の三県制が敷かれ，統計調査制度としては一応内地と同一方式となる[3]．

このセンサス体系成立までの内地の方式の特徴を要約するならば，i)内閣統計局が一元的に統計調査を行うのではなく，基礎となる調査は各省で行うという分散型であり，しかも，ii)その実査・集計は多くは，各道府県で行うという地方集査型である．具体的には，地方集査の上に成立する内務省系の「府県統計書」(明治17年に様式統一)と農商務省系の「府県勧業年報」(明治16年の農商務通信規則)の二大地方統計書と，それの全国的総括の役割を果す政表課以来の内閣統計局『日本統計年鑑』があり，これはまた各省の「年報」または「統計書」の総括の役割をも果しているといえる．

これに対し，明治28年5月25日の台湾島民の反乱に端を発し，8月6日に軍政を施行し，明治29年3月31日台湾総督府条令で日本領土となった台湾，明治38年12月20日韓国統監府設置を契機に，明治43年8月22日「韓国併合ニ関スル日韓条約調印」で朝鮮総督府を設置し日本領土となった朝鮮，明治40年3月15日樺太庁官制公布に伴い再び日本の領有の確定した[南]樺太といった新領土については，法制上は植民地ではなく，帝国憲法が施行されるという建前をとった地域である．しかし統計調査の面からは，それぞれ総督府長官の下で独立した統計調査を行っており，その調査機構は内地と異り，中央集権型の一元的組織である[4]．最も重要であり包括的なものは，「総督府報告例」(または「庁報告例」)に基く表式調査であり，調査結果は，統計年報書の形で公表されている[5]．これは，内地の「府県統計書」と『日本[帝国]統計年鑑』の中

間にあるものといえる．(地方分査の「府県統計書」にあたる朝鮮の場合の「道統計書」，台湾の場合の「州統計書」はそれほど系統的に刊行されたものではない.) また『日本〔帝国〕統計年鑑』のように，調査機構としては完全に独立した各省からの報告に従って集められた数値ではなく，各担当部局は統計調査の点で，分散型統計調査機構として系統的に位置づけられていたわけではない[6].

b) 「植民地」における報告単位のリストの設定

表式調査の精度の尺度の一つに相当する地籍調査(land map 作成)はこれらの諸地域においては，日本における地租改正と，それに続く沖縄県(琉球藩王国は明治12年4月4日に最終的に日本に併合)の地租改正作業を受けて行われた．事業としてはそれぞれの地域で独立に行われたけれども，作業の中心的役割を果した人物や，技術者のなかには，引き続いて各地の作業を行った者もあり，現地人に教育訓練活動を行って採用した者もあり，延参加人数は膨大なものになっている[7].

特徴的なことには，「地租改正」の表現を用いたならば増税を予想しての反撥が生じるであろうとの考慮から，いずれの地域でも「土地調査」の表現をとっている．しかし，いずれも三角測量による測地作業を伴っていることを考慮すれば，この表現は作業の全容をかえって示しているといえる．いま一つの精度の尺度である人間集団の把握は，多数の異民族を抱えているだけに，慎重にかつ急速に行う必要があった．例えば，台湾の場合には明治29年「台湾住民戸籍調査規則」を制定し，さらに明治36年には「戸口調査規程」で戸口調査簿を作成した．これで，戸口調査人口が得られるようになり，この他に現住人口調査が行われた．しかしこれは，かならずしも精度は高くなく，相互に整合的な数値が得られるわけではない．このような状況を前にして，「内地」においては周知のように「甲斐国現在人別調」で試行的に行われたにすぎない「小票」による全数調査(センサス方式)が，ここでは一挙に明治38年に試みられた．これは「臨時台湾戸口調査」という表現をとっているが，これは同年，日本全国で実施予定であったが，明治35年に調査費を決定しないで予算案が流れた上に，明治37年には日露戦争のため延期になった，第1回「国勢調査」の先

取り的施行である．明治36年から準備を始めて実施にまでこぎつけたものであり，その後も内地では国勢調査は施行延期であり，唯一の実施例として，この後の日本の統計調査に大きな影響を与えている．

しかしこの調査も台湾全島をおおうものではなく，中央山岳地帯(「蕃地」)[8]は調査対象から除かれている．また調査の実施上の問題点としては，再々「戸口調査」を実施していたため，人口に膾炙した「戸口調査」という表現をとり「国勢調査」または「人口調査」という表現をとらなかったため，この調査にもれると戸籍を失うという流言で，本籍所在地への移動が行われ，現住人口としての調査の趣旨が生かされなかった点もあるといわれている．

「内地」においては，明治40年代初頭に地域人口センサスの試みがあり，「国勢調査」実施への圧力となった．最終的には，第1回の全国調査は大正9年まで延期になり，その間第2次「臨時台湾戸口調査」が大正4年に実施された．

このような台湾の状況と比較すると朝鮮では，朝鮮民族との間にはまた別種の摩擦があり，日本人の手による調査はかならずしも円滑ではなかった．

三・一独立運動(「独立万歳事件」)が引きがねになって，大正9年の第1回国勢調査は朝鮮についてのみ延期になったのはこの点の事情を物語っている．これらの植民地間の状況の差は，それぞれの地域の民族の植民地化に対する対応の差だけではなく，植民地政府の側の発想の違いにもよると思われる．台湾における臨時国勢調査を推進した総督府民政長官は，後に満鉄調査部を創出した，統計調査の意義を認識していた後藤新平であった．この点は，大正7年度予算案についての第40回帝国議会貴族院での柳沢保恵議員の質疑にもうかがえる．当時の日本の統計学と統計調査の近代化の推進者の一人であった柳沢の質問は，本州は8カ年で国費215万円と地方費155万円，朝鮮は5カ年で102万円，台湾は6カ年で31万円，樺太は5カ年8.6万円といった計上予算の植民地間の差は過去2回のセンサスを行った台湾とかかる調査経験のない朝鮮との関係をみるとおかしい，また関東州・青島についてはどのようにするつもりかというのであった．白仁武長官の政府答弁は「朝鮮ニ於キマシテモ是マデ民勢ノ調査ト云フコトデ，段々用意モアリ，……是マデノ用意及経費ヲ，ソレダケ太ク短

ク致シマシテ勉強イタシマシタナラバ，五箇年デヤリ上ゲルト云フコトモ強チ無理ナコトデハナカラウカ」ということである．これに対して柳沢は「朝鮮デハ警察官ニ命ゼラレテ，名ハ人口調査ト申シマシタカ，戸口調査ト申シマシタカ存ジマセヌガ，兎ニ角左様ナ調査ハサレタノデアリマス，併シナガラ此国勢調査ノ方法ハソレト全ク異リマシテ，御承知ノ如クニ左様ナ，是マデ朝鮮デヤッタ所ノ杜撰ナ方法デアルノデハナイ」と酷評している[9)]．これは朝鮮と台湾の政府当局者の調査に関する認識の差を示しているといえる．もっとも後述のように，韓国統監府以来の再々の戸籍調査は李王朝末期の戸籍の把握率からみると急増を示していたため，朝鮮総督府は過去の調査結果についてかなり自信があったためであるかもしれない．関東州・青島については占領下であるが，日本の領土として確定したわけではないので実施しないと答えている．

c) 植民地の拡大と人口センサスの実施

第1回「国勢調査」は大正9年の10月1日に大正7年9月26日勅令358号「国勢調査施行令」に基いて，内地については内閣統計局を主務官庁として，朝鮮を除く全「帝国版図内」の地域について施行された．朝鮮については，その直前の三・一独立運動による治安状況の悪化のため臨時戸口調査として行わなければならず，内地人現在者の実地調査と朝鮮人民籍法による現住戸数と人口の調査に留らざるを得なかった．

この時期になると，日本の植民地も一層複雑な民族構成を持つようになった．すなわち第一次世界大戦中占領したドイツ領南洋諸島は，大正9年5月7日国際連盟より統治が委任され南洋庁が置かれているし，青島には守備軍が駐留している．また日露戦争後の明治39年8月1日関東都督府官制の敷かれた関東州は，民政移管で大正8年4月12日関東庁が置かれており，これには南満州鉄道附属地を含んでいる．これらの新しい植民地を含めて全域に亙って「国勢調査」または「戸口調査」(朝鮮・関東州・青島)が施行された．これで初めて世帯を単位とした調査票で統一的に民族毎の職業を含んだ各人口属性が明らかにされるようになった．第1回「国勢調査」は，日本にとって初めての人口センサスであり，多額の経費を要するだけに，単に現在人口の男・女・年齢が判

るという程度であっては，一般を納得させることができにくく，それ以降の調査をかえって難しくさせるであろうという配慮から，職業調査を含む「大調査」として実行した．これに対して第2回「国勢調査」は中間センサス年の簡易センサスとして，大正11年の改正「国勢調査ニ関スル法律」に基く大正14年5月23日「大正14年国勢調査施行令」(勅令201号)によって大正14年10月1日付で行われた．今回は朝鮮でも施行されたので，日本帝国の全領域をおおう国勢調査が初めて施行されたことになる．施行令21条で「氏名，男・女の別，出生の年月，配偶の関係」以外の項目について，朝鮮総督・台湾総督・樺太庁長官の必要とされる事項を併せて調査できるとされている．その結果，民籍または国籍といった形で一応の民族別の人口数値が全領域に亙って得られることになる．

　第3回「国勢調査」は「昭和5年国勢調査施行令」(昭和4年12月28日勅令398号)によって昭和5年10月1日に大調査として施行された．この大調査では，職業・所属の産業，失業状態の有無，住居の室数が調査されている．職業・所属の産業を区別して調査することによって，近代産業の発達に従って同一産業内で各種の職種を含むことになったため，職業区分が産業区分に直結しなくなった事態に対応した調査となっており，初めて職業概念と産業概念が明確に区分された．ただこの調査項目が「植民地」すべてに適用されたわけではない．朝鮮については産業，失業などの項目は含まれず，住居センサス(housing cencus)としての側面もまた調査されなかった．ただこの第3回のセンサスによって，これまで工業センサスであるとはいえ，「工場統計表」からでは職工5人以上の規模の従業者しか判らなかったのに対し，5人未満の零細工場や個人業主の比重を示す情報が得られることになり，人的側面から産業構造全体を明らかにすることが可能になった．しかも日本「内地」に関しては，前述のように，大正14年には「国勢調査」と合せて10月1日付で，全国主要24都市とその周辺で「失業統計調査」を実施しているので，その調査結果を比較することによって大正14年と昭和5年との当時の失業者の実態と就業状況を比較することを可能にしている．その点で，労働統計の面についても，各種センサスを組

み合せてセンサス体系を作り出していく萌芽があったといえる．

2 日本「内地」のセンサス体系の完成と植民地との関連

2-1 中央統計委員会と一元的統計調査制度

明治38年の第1回「臨時台湾戸口調査」から大正9年の第1回国勢調査を経て，その調査対象範囲と調査項目を拡大し，やっと昭和5年の第3回「国勢調査」によって，日本政府の支配下にある人々のすべてについて，年齢・性別・世帯等の人口属性と職業などの生産活動上の属性を把握することが可能になった．

この「国勢調査」の実施は，準統計調査であった壬申戸籍に発し，再々の戸籍法改正で整備した「家」制度による日本の民衆の掌握方式では，正確な現住人口の統計を得ることが不可能なことを支配機構の側も認識せざるを得なかったためである．特に都市における産業の拡大による都市人口の増加は，寄留届等の方式では処理しきれないことがはっきりしていた．そのように考えると「国勢調査」が人口属性に留まらず，職業等の社会的活動の属性の把握にも力点を置いてきたことが理解しうると同時に，これらの属性は伝統的な内務・司法・農商務・逓信・鉄道といった行政上の区分による産業人口調査では十分に把握できず，行政区分を越えた標準化された分類様式で統一的に把握することが必要となってきたことを物語っている．人口統計のデータのファイルとしては，もはや局部的な目的に応じて編成するのではなく，多目的利用を考慮したものでなければならない．従って，データの構造はかかる多目的利用を考慮に入れて再集計処理が可能である必要がある．当時の集計処理機械では可塑的データ構造で調査結果を保存することが不可能であったため，産業区分・職業区分などの属性の分類概念を標準化して，詳細な集計原表を保存することで，その代用としたと見なせる．

先に業務統計から統計調査への移行として，統計調査の技法上の問題として論じたことは，かかる行政側の必要な情報の体系が変化してきたという背景の

なかで，その意義はより明確に理解することができる．もっともこの段階での多目的利用のデータ・ファイルの作成といっても，当時の用語法としては，各種センサスを組み合せた，米国型の複合センサスに当るセンサス体系を作る試みと呼んだ方が正確であり，あくまでも集計結果表の多目的利用という段階である．

　明治30年代以降，中央集査による統計調査の拡大は，かかるセンサス体系を統計調査の実務上で可能にする状態を作り出したといえる．大正9年の「国勢調査」の世帯を単位とする大規模な全国的調査経験は，機械処理による中央集査の利点を十分に示した．この「国勢調査」の実施を推進した東京統計協会は，民間団体であるとはいえ阪谷芳郎を会長に，統計局長の花房直三郎を副会長に，その他，岡松径，横山雅男，高橋二郎，呉文聡，柳沢保恵，世良太一等を主要評議員として当時の主要な官庁統計学者や貴族院議員を含んでおり，そこではセンサスをヨーロッパ型の人口センサスではなく，前述の米国型の産業調査を含むセンサス体系として作って，統計局を中心に調査をする一元的統計調査制度を樹立することを構想した．それを第1回国勢調査施行のために臨時国勢調査局が置かれ(大正7年5月14日勅令135号で設置，大正10年4月1日廃止し，国勢院に残務は統合される)，統計局が国勢院第一部(大正9年5月15日勅令139号)に改組された機会に実現しようとした．

　分散型統計制度の下では，調査様式の不統一の弊害の他に，重複調査が行われるかたわら，一方では必要でありながら調査の空白な分野を生じるといった現象が発生することもまた事実である．明治初期においても前述のように，政表課会議がこの各省の統計調査の調整のために各省統計担当官を集めて開かれていたが，大正9年に中央統計委員会が置かれ(10月27日勅令514号)，阪谷芳郎会長の下にこの種の問題を検討する機構が確立した．ここでの諮問事項などについては国勢院事務官会議等で政府各省の実務担当者が集って検討している．

　内務省社会局の労働統計は，大正14年に統計局に移されるが，統計局の主張した産業統計(農林省統計報告中の大部分，商工省統計報告・会社統計・工場統計報告・卸売物価調・賃銀調など)については，それぞれの行政官庁の側

では所管事項の統計調査は手放さずに施行したいという意図が濃厚であり，統計調査の一元化はなかなか進行しなかった．最初に実現したのは，「統計資料実地調査ニ関スル法律」の改正により，「農業調査計画要綱」に従った農業調査であり，これは1930-31年にかけて行われた世界農林業センサスの一環として行われるはずで，昭和4-5年にかけて部分的に実施予定であった．

当時の産業統計で，最も問題が山積していたのは農業部門よりは商工部門であるにもかかわらず，商工省の強力な抵抗によって，統計局調査には一元化できず，やっと昭和14年に「臨時国勢調査」の形で，小売商業部門の調査ができたにすぎない[10]．調査機構は一元化しなくても，この年は商工省の「商業調査」(資源調査法により昭和14年9月8日省令48号「商業調査規則」による)が実施され，「工業調査」と並んで一応産業センサスとしての形はととのった．

この昭和14年の産業センサスの実現までに，一部分は自然発生的に，一部分は商工省の依頼で「商業調査」「工業調査」と呼ばれる一連の地域産業センサスが実施された．これはちょうど，明治38年の「国勢調査」が延期になった時点で，各地で「市勢調査」等の名称で地域人口センサスが実施された状況に対応する．

a) 複合センサスの先駆的形態

経済活動のミクロの行為主体としては世帯の外に各種の事業所が重要である．それがどのような形で一地域内で分布しているかの調査は，人口調査と同一の手法では実施できない．明治38年の「国勢調査」中止に伴う一連の市勢調査の一つである明治40年の熊本市の「職業調査」は，この種の事業所調査を行った最初のものである．この調査では，職業調査として，世帯を単位として人口調査の調査事項である氏名・世帯主との続柄・性別・出生年月日・縁事・身分の他，本業とその地位，副業とその地位を調べ，さらに付帯調査として営業調査を行っている．そこでは，営業主・助業者の数・性別・営業目的を調べており，これによって業種毎の従業員規模構造が判る．このような全業種に亘っての事業所を調査したものは，戦前段階では，関東州で行われた昭和2年の「関東局業態調査」1例がわずかにあるにすぎない．

b）「工業調査」と「商業調査」

　昭和初期の不況期になると，工業部門についてみるならば，もはや伝統的職人工芸の作業場といった零細事業所ではなく，近代工業生産のなかでの機械器具の部品製造や，織物工場などの一応工場とみなしうる零細工場が無視できない比重を占め，いわゆる後に日本経済の二重構造と呼ばれる状態が発生していることを，統計調査上も追認して調査する必要が生ずるようになった．

　零細事業所を調査対象とすると，実態の複雑さの反映として，調査項目の定義の不明確さが表面化する．得られた調査結果の統計表の精度にまでその影響は及んでいた．かかる問題点は種々ある．例えば，(i)名前のない工場があり，そこでは，営業主と作業員の区別がつき難い自家営業の業態があり，調査表の記載もまちまちである．これはすでに大正10年の段階で「工場統計報告規則」の職工5人以上の工場を調査するうえで，従来の「工場主名」の欄が「工場名ナキ工場ニ付テハ工場主名ヲ記入スヘシ」(大正10年12月28日農商務令43号)と，工場名のない工場の存在に注目した問題である．この個人業主形態の営業形態がどの程度の比重で存在しているかは，従来は昭和5年の「国勢調査」の職業分類の事業主数から間接的に推計をする以外には推計の方法がなかった．(ii)この自家営業と区別のつかない事業所の存在は，工業部門と商業部門の区別をあいまいにしている．製造と小売の兼業，小売と卸売の兼業は，小売業・卸売業・製造業を独立した調査で実施した場合には，それぞれに重複事業所を含み，それがどの程度になっているかを明らかにすることができない．これらの問題点を解決するためには，個別産業センサスではなく複合センサスといった新たな視角からの統計調査を設計する必要が出てきた．各種の営業調査が活潑になってきたのは，このような状況を背景にしている．

　調査は零細企業を多くかかえる東京市が，昭和6年11月に商工省の委嘱で物品販売業者に営業の組織・所在・規模・業種・業態・資本状況・仕入額・売上額・営業費等の状況・金融関係事項を調査し，『商業調査書』(昭和8年刊)として刊行したのを最初に，昭和8年に「商業調査要綱」により，昭和8年6月末日を調査期日として，六大都市である「東京市・横浜市・名古屋市・京都

市・大阪市・神戸市および其の他必要と認められる地域」で調査を行うことになった．必要と認められる地域としてこの他どこまで行われたかは正確な記録はない[11]．

これらの都市のうち報告書の公刊状況からは，大阪市と大阪府は昭和10年の実施と思われるし，京都市は昭和11年であり，これらの調査と，昭和10年12月の小売業改善委員会の決議に従って商工省の委嘱で行われた小売業調査との関係は明らかではない．また神奈川県は横浜市以外の40町村について調査を行っている．加地成雄によると八王子市と東京府下では，府中町，青梅町，町田町でも行ったとされているが，これらは『東京府商業調査書』に対応するものと思われる．この他，仙台市の『仙台市商工業調査書』(昭和11年刊)がこの調査に準拠したと思われるが，明文記録はない．大阪市は商業の中心地でもあり，昭和14, 15, 16, 17年に亙って調査し調査書を刊行している他，神戸市が昭和11年にも実施している．

工業部門については，やはり商工省の委嘱で昭和8年に「工業調査要綱」に従って，「六大都市所在府県及其の他必要と認められる地域」について同年6月末日を調査期日として調査を行った．現在調査報告書の刊行の確認されているものは，東京市(昭和8年)，東京府(昭和10年)，横浜市(昭和8年)，神奈川県(昭和8年)，名古屋市(昭和9年)，京都市(昭和11年)，大阪市(昭和8年)，大阪府(昭和9年)，神戸市(昭和8年)，仙台市(昭和8年)であり，市域から県域全体に調査を広げている点で，商業調査書より調査対象は拡大している．この工業調査を基礎として，昭和10年に「東京市小工業調査」が行われ，前記の工業と商業の重複部分については，昭和11年に「東京市問屋制小工業調査」が行われた．大阪市はさらに昭和12, 14, 15, 16年に調査を行い，昭和14年には「大阪市家内工業調査」を実施している．

これら昭和8-9年にかけての「工業調査書」「商業調査書」は，企業を財とサービスの生産活動の側面，企業経営とくに資本設備と資本調達の側面，従業員を含めての生産コストといった側面を総合的に調査したものとして，調査項目は「会社統計調査」とは比較にならないほど詳細なものである．今日の経済

理論の立場からは，多重分類表の種類について不足があるとはいえ，初めて投下資本総額(「固定資本」と「運用資本」の和)階層別データが，作表されるといった点で，地域センサス方式での集計としては，当時の日本としては最もすぐれたものであるといえる．

かかる調査集計処理は，一種の人海戦術を行ったので可能になったといえる．これらは当時の不況の中で「失業小額給料生活者応急授職事業」として行われたことが，この点に反映している．1929年の大恐慌後の米国で，やはり知識階層の失業救済のため，議会図書館の蔵書目録を印刷カードとして配布するLCカード目録作成配布組織(Library of Congress Printed Card System)を始めた．一方は統計調査という数値情報の処理であり，他方は書誌情報という文字情報の処理であるという違いはあるにせよ，知識階層の失業救済の手段としては同種の試みがされたといって良いだろう．

2-2 昭和14年「臨時国勢調査」

昭和14年8月1日現在で「昭和14年臨時国勢調査施行令」(昭和14年4月18日勅令209号)に基いて実施された調査は，通常「物の国勢調査」と呼ばれ，「物資の配給機関たる商店等」のすべての事業所の従業員と売上高・在庫高の調査である．統計局のセンサス体系樹立の一環をなすものであったことは調査の根拠法が「国勢調査ニ関スル法律」(改正昭和14年法律33号)であることからも判る．この調査は小売店・百貨店・生産小売商・卸小売商・露店行商・卸売商・貿易商・産業組合・消費者団体の共同購買・其の他の共同購買及共同販売・物品売買の仲介の11種類を含むという点で，全国的な規模で商業活動の全般をとらえたものとしては日本では最初のものである．かかる調査を行った直接的な動機は，産業の一つとしての商業の実態把握にあるというよりは昭和13年の国家総動員法による物〔資〕動〔員〕計画を実施するに当って物資の配給機構がどのようになっているかということ(甲調査)を知るとともに，国民生活の最低水準を確保するための消費資材の必要量を推計することにあった．後者の点を調べるためには旅館・飲食業(料理店・飲食店など)の仕入高，寄宿舎の

購入高(これも甲調査)の他に,特に典型調査による標本調査で,農業・製造業の自家消費部分,建築業の民家の必要資材料の調査(乙調査)を行った.当時の統計局調査官友安亮一によると,「軍部の力が強いため,〔物動計画では〕軍需に関するものが相当やかましく論議され,……何をさておいても軍需優先で,そのために民需が相当圧迫されているというふうに我々は考えていました.しかし長期戦ということを考えますと国民の生活を持ちこたえるようにするのが根本的に必要であります.そのために国民生活の必需物資の量を測定する必要」があるとして指定品目について乙調査を行ったのである.

国内消費額の推計は,「家計調査」「農家経済調査」を使用して行うこともできるが,いずれも当時の調査は極めて小さな標本数の典型調査であり,しかも支出金額の調査であったため,かかる品目別消費量の推計に使用するにはその精度は極めて低く,また各品目に亙っての推計は難しいと想定される.これに対して本調査はその規模において画期的であり,一般小売および実物消費・事業所消費の三つの部分をおさえているだけに,精度の高い数値が得られたはずである.しかし乙調査の調査票および甲調査の旅館・飲食業・寄宿舎等の部分は未集計のまま戦災で焼失した.

ただ,消費財の小売額を推計するための指定品目の売上額はかろうじて調査報告書の第6巻に集計刊行された.

調査結果とそのデータの諸調査との相互整合性　本調査は,昭和15年中に実査を完了する予定で,他の「国勢調査」と同様に中央集査で行われた.しかし集計結果は,昭和15年3月に甲調査の調査項目中,物品販売業・物品売買の仲介業・法人組合の部分11業種にかかわる全7表を全6巻で印刷刊行して,実査公表作業は中絶した.中絶の理由は,同年に施行された第5回「国勢調査」の人口調査の集計を軍事目的のため優先することを余儀なくされたからである.甲調査のうちでも在庫に関する部分も未集計に終った.

しかし残されたデータからだけでも幾つか重要な事項が判明する.この調査とは資源調査法に基くという点で調査系統は異るけれども,商工省による「工業調査」(昭和4年11月28日商工省令17号「工場調査規則」を改正した「工業調査規則」昭和14年9月8日商工省令49号による)と「商業調査」(昭和14年9月8日「商業調査規則」商工省令48号)によるデータと相互整合性を検討することができる.

第7表 昭和14・15年各種センサスの従業員数対照表（単位：人）

工業統計調査・商業統計調査	昭和14年臨時国勢調査	昭和15年国勢調査
従業員規模5人以上　　　　　3,786,247 従業員規模5人未満　(A) 1,164,634 　　　　　　　　　（計　4,950,881）	生産小売(C) 952,539　→	工業従業者　8,109,988
卸売専業　　　　　　　　　223,203 卸売兼業　　　　　　　　　449,547 　　　　　　　　（計 (B) 672,750）	卸売業　　　　15,677 卸小売　　　 695,154 　（計 (D) 710,831） 小売　　 2,606,751 百貨店　　　164,990 露店小売　　190,556 　　総計　4,625,667	商業従業者　4,868,229
[(A)＋(B)] 1,837,384 ←→	[(C)＋(D)] 1,663,370	農　　　　業　13,654,726 林　　　　業　　 537,715 水　産　　業　　 595,515 鉱　　　　業　 1,359,713 交　通　　業　 2,185,214 公務・自由業　　 706,453 家　　事　　　　 217,191 そ　の　他

(注) 1)「昭和14年臨時国勢調査」総計は、「物品販売業」関係と、即ち商業従業者であり、「昭和15年国勢調査」の商業従業者に定義上はほぼ対応する。戦時統制体制移行に伴う商業の転廃業にかかわらず、数値的にもほぼ対応する。2)「昭和14年工業統計調査」工業従業員計は、「昭和15年国勢調査」工業従業者を大きく下まわる。定義的には補完関係にある(A)と(C)とが、数値的には重複すると推定される（昭和15年との産業中分類との対比による）。そのため[(A)＋(B)]と[(C)＋(D)]とが、ほぼ一致する数値となる。

「工業調査」は大正11年以来17年ぶりに常時5人未満の職工の工場が調査された．しかし，この小規模工場には飲食料品の製造をするが，その店内で小売販売をするものは除くといった形で，生産小売商はかならずしも網羅していない．従って，昭和14年「臨時国勢調査」の結果表を組み込むことによって，当時の零細製造業者を含めて広義の製造業の従業者数を知ることができる．

「商業調査」は卸売に限定した調査であるけれども，そこで得られる卸売業者は，小売との兼業を含むはずであるのに調査された兼業卸売は「臨時国勢調査」の卸小売を大幅に下まわっており，一方専業卸売の数は極めて多く，調査の際の専業兼業の区別が十分でなかったことが推測される．従って，「商業調査」の調査結果の解釈を単純に卸売という点から判断するのは危険である．

ただ「臨時国勢調査」の場合は，「施行令」3条9項に「調査期日前一年間の卸売・小売別売上総額」とあり，「申告書記入心得」にも卸・小売売上金額を区分することになっているけれども，実際の集計量は「売上金額」とのみある．卸・小売の金額の関係からみて，これは両種を合算した数値であると推定される．

企業形態の商店の資産額については，「臨時国勢調査」は払込済資本金であるのに対して，「商業調査」は昭和初頭の主要都市商業調査の系統を引いて営業資産総額を使用している．後者のデータも極めて貴重であるけれども，各企業の記入の等質性という点ではかならずしも精度が高くないと推測される．また「会社統計表」との接合性を検討するには，「臨時国勢調査」の資本金額は貴重な情報である．

これらの3種のデータと昭和15年「国勢調査」の産業別従業員数の相互の関係を示すと第7表のようになる[12]．

旧「植民地」における「臨時国勢調査」 他の国勢調査と同様に「臨時国勢調査」も各植民地で施行された．「調査施行令」32条によると「朝鮮・台湾及樺太ニ於テハ露店若ハ行商ヲ営ム経営体及第2条第5号乃至第8号ニ掲グル経営体〔寄宿舎・病院・船舶等と建築業を指す〕ノ調査ヲ省略シ，指定物品，特定物品及指定建築材料ノ品目ヲ変更シ又ハ第3条乃至第8条ニ規定スル事項ノ外必要ナル事項ヲ併セ調査スルコトヲ得此ノ場合ニ於テハ朝鮮総督，台湾総督及樺太庁長官ハ内閣総理大臣ノ承認ヲ受クベシ」とあるが，筆者の確認した報告書は朝鮮・台湾・樺太・関東州であり，南洋群島を除き調査は全植民地に施行されている（昭和14年5月13日朝鮮総督府令76号，関東局令53号等の根拠法である）．

調査項目については第8表に示すように若干の異同があるが，ほぼ甲調査の各項目について調査集計が行われており，台湾・関東州では現在品手持高と仕入高が調査され，売上・在庫関係を調べることができる．ただ，在庫品は品目別数量であり，売上高は金額数値であるため，詳細な価格資料を入手しなければこの点の解析はできない．また関

第8表 昭和14年臨時センサス調査項目対照表

	樺 太		朝 鮮	台 湾	関東州*	内 地
基本表番号						
1 店舗数	○	売上金額	○	○	○	○
2 従業者の種別	○	売上金額	○	○	○	○
3 年齢・教育	○		○	○	○	○
4 従業人員クラス	○	売上金額	○	○	○	○
5 営業の種類・組織	×		○	○	○	○**
6 資本金クラス	○	売上金額	×	○	○	○
7 指定物品の売上高	○	売上数量 売上金額	○**	○	○	○
8 現在品手持高	×		×	○	○	○**
9 仕入高	×		×	○	○	○**
調査対象 営業の種類別表						
小売店	○		○	○	○	○
百貨店	×		○	○	○	○
生産小売商	○		○	○	○	○
卸小売商	○		○	○	○	○
露店行商	○		×	○	×	○
卸売商	○		○	○	○	○
貿易商	×		○	○	○	○
産業組合	○		○	○	×	○
消費者団体の共同購買	○		○	○	○	○
其の他の共同購買及共同販売	○		○	○	○	○
物品売買の仲介	○		○	○	○	○

(注) * 集計結果表はこれが一番詳細である.
　　 ** この結果表は未集計のままで焼失した.
(資料) 樺太庁『臨時国勢調査結果表 昭和14年』昭和16年刊, 豊原. 朝鮮総督府『国勢調査参考統計表』〔昭和16年刊〕,〔京城〕, 5巻. 台湾総督府『臨時国勢調査結果表 昭和14年』昭和16年刊, 台北, 3巻10分冊. 関東局『臨時関東州国勢調査結果表 昭和14年』昭和16年刊, 大連. 内閣統計局『物の国勢調査 昭和14年 第1回報告(六大都市店舗数)』昭和15年刊, 東京〔国勢社版速報数値〕. 内閣統計局『臨時国勢調査結果表 昭和14年』昭和16年刊, 東京, 6巻.

東州の調査結果表は「関東庁業態調査」以来この種の調査に習熟したとみえて作表が詳細を極めている.

　ただ, 旧「植民地」全体では, 台湾・関東州を除いては乙調査による地域内消費総量の調査・推計は行われなかった可能性があり, 結果表にはこれらについての記載はない. 指定品目の売上高については, 樺太・台湾・関東州では内地と異り, 朝鮮を除いては卸売・小売の区別がなされて調査集計されている.

3 戦時統計体制と敗戦

3-1 資源調査令による調査

　各種のセンサス調査が行われたけれども，これらの諸センサスはかならずしも全体が整合的な形で体系化されていなかった．この第二次世界大戦前夜の日本のセンサス体系の非体系性は，分散型統計調査制度のなかでの官庁間の所管争いによる側面だけではなく，戦時動員体制による歪みが大きく影響している．

　ここで示した諸調査は，特定属性調査対象に対しては個票調査方式を使用した全数調査という意味で，センサス調査である．同じセンサス調査であっても統計調査の精度は，個票調査方式を採用しているだけに，この調査個票が統計調査以外の目的に使用されないという保障があるかないかで大きく変化する[13]．内閣統計局の手による国勢調査・労働統計実地調査は，それぞれ「国勢調査施行細則」(大正8年11条，昭和5年10条，昭和15年22条等)，「統計資料実地調査ニ関スル法律」(大正11年4月19日法律52号第2条)によって，この条件が満たされているのに対して，昭和4年4月12日法律53号「資源調査法」実施のための「資源調査令」(昭和4年1月20日勅令329号)を根拠法とする調査は，調査結果に関する守秘義務を課していない．すでに昭和9年の時点で，当時の内閣統計局人口統計課長の高田太一は「国勢調査ニ関スル法律」と「統計資料実地調査ニ関スル法律」を「資源調査法」の特別法とみなすという一部の見解には，後者は国家総動員の見地からの法律であり，前者は「調査の結果蒐集した材料は統計以外には使用しない」という「統計上の国際的信条」に基礎を置く以上「実質上一般法・特別法の関係を有しないものと考えてよい」と，果して「資源調査法」による調査が統計調査とみなしうるかと鋭い批判を記している[14]．

　昭和14年の「工業調査」「商業調査」の場合には「本則ノ規定ニ依リ提出シタル調査票〔及報告書――工業調査のみ〕ハ統計上ノ目的以外ニ之ヲ使用スルコトヲ得ズ但シ人的及物的資源ノ統制運用計画ノ設定及遂行ニ必要ナル場合ハ此ノ限ニ在ラズ」(「工業調査規則」第9条，「商業調査規則」第6条，『工業調査提要』，

『商業調査提要』——傍点引用者)という妥協のうえで調査を行っている．従って，昭和14年の流通統計は，統計調査としては「国勢調査ニ関スル法律」と「資源調査法」とに基く性格の異ったものが併存することになる．

　この後，戦時体制に入るに伴って，「資源調査令」を根拠法とする統計調査が拡大していくことになり，内容的には所属産業・職種までも含む臨時人口国勢調査と呼んでよい昭和19年2月22日実施の「人口調査」(内閣統計局)も，「資源調査令」に基く調査として施行しなければならなくなった．戦時統計への編成替えは，「労働統計実地調査」の場合は，第5回調査の後，昭和13年「臨時労働統計実地調査」で1月から8月までの毎月の労働者の就業状況を調査し，第6回の定期調査の後，昭和15年の「臨時労働及技術統計実地調査」を経て，昭和16年以降「労働技術統計調査」(毎年調査)に変容して労働者の配置のための調査となった．この点では，昭和14年以来の厚生省「労務動態調査」(「資源調査法」による「労務動態調査規則」昭和14年厚生省令38号)の目的とするところと類似であり，調査事項の重複もある．これは「労働統計実地調査」が厚生省の前身の内務省社会局から移管された調査であるだけに，再び調査の分散化が発生し始めたということもできる．この現象は，大正15年「家計調査」以来同じく社会局から統計局に移管されて統一家計調査時代を生み出した，統計局に一本化した「家計調査」にも現われる．昭和6年改正「米穀法」により消費者米価算定のための調査として，昭和6年第1回より昭和15年第10回まで内閣統計局が調査を行ってきたが，昭和16年になって米穀統制の基礎資料のために，調査対象を拡大した家計調査を実施した．これに対して，厚生省も「労働者生活状態調査」を昭和15年から17年にかけて実施した．第二次世界大戦を契機に，統計調査も再び分散型統計調査というよりは重複調査の時代に入ったといっても良いであろう．

　これらの諸調査が，統計調査として有効に政策に活用されるには最小限集計されなければならない．センサス方式の個票調査は十分な集計能力が伴って，初めてその統計調査として効果を果すことができるのであり，急速なセンサス調査の拡充はかかる集計処理能力を越え，未集計のまま，あるいは集計されて

も公表前に戦災で失われるという場合が増えていった[15]．例えば昭和15年「国勢調査」は，昭和14年「臨時国勢調査」を押しのけて集計作業にもちこまれたが，その結果は内閣統計局『国勢調査内地人口数，市町村別 昭和15年』(東京，昭和16年刊)として公刊されたが，労働者の人的資源配分の視点からは重要なはずの職業別・産業別人口には戦後の公刊をまたなければならなかった．「工業調査」は昭和18・19両年は，未集計のまま焼失したといわれている．またこれはセンサス調査ではないが，統計局の「家計調査」も，昭和16年の一部が集計公刊されたが，昭和17年は原表を作成したのに留り，これらの調査がどこまで統計調査として活用されたかは疑問である．

統計調査のみが目標であるならば，標本調査を活用するといった方法がとりえたのであり，統計調査の他に資源動員の直接的手段という役割を課して全数調査にしたための失敗であると考えられる．

昭和14年という年次をとると，「臨時国勢調査」，「商業調査」の流通センサスと，「工業調査」の生産センサスといった諸センサスと並んで，賃金構造は第6回「労働統計実地調査」で，また就業構造については厚生省の第1回「労務動態調査」で業種毎の労働者の移動状況を調査し，諸センサスは体系的に整備されたといえる．

3-2 旧「植民地」におけるセンサス体系の特質

人口の「国勢調査」を軸に，生産・労働・流通統計に亙って個票調査によるセンサス体系の確立することも，流通統計である昭和14年の「臨時国勢調査」が，先に記したように朝鮮・台湾・樺太・関東州で種々の呼名で行われたように，全旧「植民地」に波及していった．すなわち生産統計の「工場調査」は「資源調査令」による調査の形で昭和5年より実施されているし，「労働統計実地調査」は，日本内地では大正11年個票調査方式で労働者の賃金形態に及んだことは，統計の精度の点からも一つの画期であるが，同時に労働問題がかかる統計を必要とする社会的争点になっていたことを意味する点は先に触れた．これに対し旧「植民地」では，日・朝・中・露(白系)の4民族が混在し，しかも重工

業部門の比重の高かった関東州を除いては，かかる形では問題とならなかったと思われる．関東州のみ昭和2年より，台湾が昭和13年に臨時調査を行い，やっと昭和16年からは，朝鮮・台湾・樺太で「労働技術統計調査」として行われた．また台湾については「労務動態調査」が昭和15年より行われた．

　注目すべきことは，内地の統計調査は分散型統計調査体系であるため，「労働統計実地調査」であれば，官営工場等は所轄官庁で公表され内閣統計局の手を離れるし，「労務動態調査」は厚生省により行われ，流通統計にいたっては商工省と統計局で卸・小売を分割して調査するといった状況であったのに対し，植民地は総督府（庁）で一元的に調査が行えたため，実質的にもセンサス体系が実現したといえる．

　日本内地においては，戦後の事業所統計調査をまたなければ実現しなかった製造業・サービス業を含む全営業体についての統一センサスの先駆的調査，昭和2・9両年の関東庁の「関東庁業態調査」については先に記した．ただ関東庁の調査には，関東州の他に南満州鉄道附属地を含んでおり，これらは満州国成立に伴い満州国の統計調査体制に組み込まれるので，時系列的には，その後直接比較可能な数値が得られなくなる．

　満州国の統計調査は，中国の統計調査制度を引き継いだ側面より，日本の統計調査制度を継承したところが多いが，これらの南満州鉄道附属地の数値が相互比較可能な形に整備されていたかといったことの検討は別箇の取扱を必要とする．

3-3　植民地の崩壊と調査結果の公表

　旧「植民地」各地は，一元的統計調査体制を取ることができた反面，戦局の推移によっては調査自体が難しくなったといえる．ただ台湾・朝鮮・樺太・関東州はむしろ内地より順調に調査が行われたと推定される．ただ，集計した結果表の印刷・配布となるとまた別である．海上輸送網の悪化と軍秘扱のために内地に送付された統計書は極めて少なく，そのため今となっては調査の実施，結果表の公刊の有無の確認が難しくなっている．

さらに戦後も,関東州や朝鮮のように内戦の渦のなかでは,未公刊の結果表の所在の確認も難しく,樺太についてはソ連の秘密主義もあり,植民地の崩壊期の諸調査の結果については明らかでないことが多い.

特に,昭和5年の次の大調査年の昭和15年「国勢調査」は,台湾については中華民国政府の手により『台湾第七次人口普査結果表』として1953年に公刊されており,詳細結果表を見ることができる.一方,朝鮮については朝鮮総督府『朝鮮国勢調査結果要約(昭和15年)』(昭和19年刊)があるということであるが[16],筆者の見ることのできたのは『韓国統計月報』1962年9月号所載のもののみである.これ以外の地域については,内閣統計局公表の人口数の速報数値以外の結果は,現在では明らかでない.

昭和16-17年「労働技術統計調査」は,朝鮮・台湾の集計表は公刊され現存しており,昭和19年「人口調査」については,朝鮮については総督府の手による『人口調査結果報告』(その一)(その二)(昭和20年刊)として,台湾については上記の昭和15年センサス統計書の付録で結果表が公刊されている.ただ昭和18年「労働技術統計調査」が内地と同様に中止したかどうかは,かならずしも明らかではない.

これらのセンサス方式の諸調査の結果表は,「報告例」に報告様式を伝統的に制度化されていた「工業統計調査」を除いては,「報告例」を基礎として刊行される各植民地の『統計年報〔書〕』には再録されず,独立した調査報告書として刊行されるのが常であった.敗戦の混乱期にどのような報告書が出版されたか,筆者の調査の不備な点は今後補正されるところがあるであろうが,実査から集計までの時の遅れを考慮に入れるならば,『総督府統計年報〔書〕』が朝鮮・台湾について昭和17年度版が,昭和19年に刊行されている以上,昭和18年に行われた諸調査の結果の諸数値を得ることは極めて難しいといえる.

これらの主要なセンサス調査と日本内地と旧「植民地」の実施関係を一覧表にすると,第2図で示されたようになる.

この主要センサスの実施状況を要約すると,樺太は民族構成の特徴からいっても北海道に類似しており,調査様式も「内地」に準じた側面が多い.朝鮮・

第2図 内地と旧「植

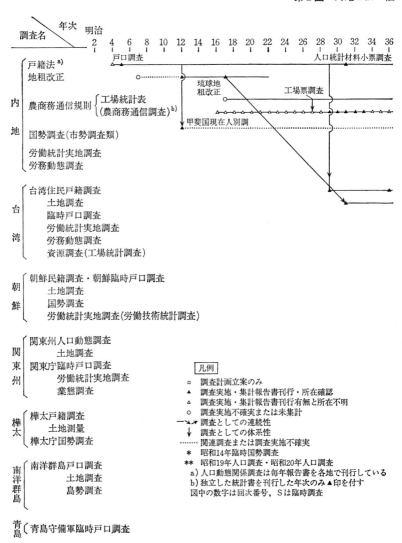

民地」諸調査対照図

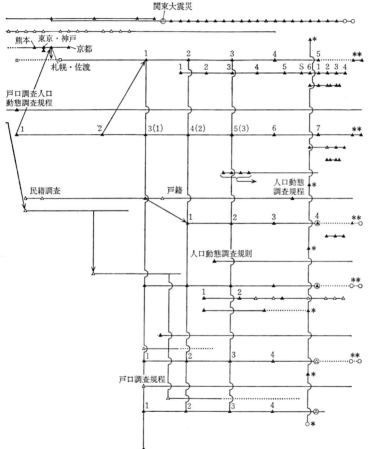

台湾・関東州のなかでは，台湾・関東州が独自調査を行っており，最も充実した調査を行っていた．

4 旧「植民地」統計調査の精度の例示的吟味

4-1 人口・労働力統計の精度（朝鮮・台湾）

a) 戸口調査と国勢調査

日本の統治期間の人口長期時系列データとしては，現住戸口調査の系列がある．国勢調査開始後は，人口動態統計で中間年を補間することによって別個の系列を得る．先に記したように日本内地については，大正9年「国勢調査」による静態人口が，従来の「本籍人口推計」「現住人口推計」に調査もれと重複を含むことを明らかにしたため，国勢調査を基礎にして過去の人口推計が行われた．これに対し台湾・朝鮮の場合にも「戸口調査」と「国勢調査」の両系列の数値は，かならずしも整合的ではなく，内地人口と同様な検討を加えなければならない．

台湾は，内地に先駆けて国勢調査を行っているにもかかわらず，かかる補間推計は一義的に可能ではない．山岳地帯のいわゆる「高砂族」が，調査地域に

第9表 台湾の「国勢調査」人口の比較

	総 人 口		増加人員	「高砂族」山岳地帯
	（全 島）	（除山岳地帯）		
1905（明治38）		3,039,751		
1915（大正 4）		3,479,922	440,171	
1920（ 9）		3,655,308	175,386	
1925（ 14）		3,993,408	338,100	
1930（昭和 5）	4,592,537	4,503,216	509,808	89,321
1935（ 10）	5,212,426	5,121,019	617,803	91,407
1940（ 15）	5,872,084	5,715,674	594,655	156,410*

（注） * Non-assimilated Aborigines の数である．
（資料） 台湾総督府『昭和10年国勢調査結果表』1940年．〔中華民国〕台湾省政府主計処『台湾第7次人口普査結果表，附民国33，34年臨時戸口調査資料』1953年．

算入されるのは,通算第5回の昭和5年「国勢調査」からである．累年比較にはこの補正が必要である．一方,常住戸口調査での人口では,昭和10年段階でもまだこれらの山岳地帯人口は含まれていない(第9表参照).

これに対し,朝鮮の場合は,前述のように国勢調査の施行こそ,大正14年まで遅れたが,調査対象地域にはこのような問題はなく,それぞれの調査地域は,ほぼ等質的な民度をもつものとして扱える．しかし,このことは朝鮮の戸口調査統計を使って「国勢調査」の得られない時点を簡単に補間できることを意味するわけにはいかない．この「戸口調査」の数値は,日本の本籍人口と同じにどの時点でも等質的なものとして扱えないからである.

明治5年の「内地」の戸口調査に相当するものは,隆熙3(1909)年3月法律8号「戸籍法」により隆熙4年にかけて行われた民籍簿作成に伴う実査調査である．これは内務部警務局民籍課の主管であり,民籍簿は警察署が保管し,実査は日・朝人巡査と日本憲兵がそれぞれ地域分担をして行っている．当初は増税のため,日本の韓国併合のために行うのでないかといって拒否するものが多かった．初期の人口の増加はかかる調査もれの減少による部分が多いと推定される．この民籍調査の結果編成された民籍簿に年々の戸口調査の結果が付加されて,戸口調査統計が作成されている[17].

この民籍調査の結果は,さきの光武11年10月(明治39〔1906〕年)韓国政府警務顧問の調査数値をさらに大きく上まわったが,続く明治44年の数値もさらに増加しており,「前年ニ比シ異数ノ増加ヲ見ルハ自然増殖ニ依ル外民籍異動申告ノ奨励ト戸口調査励行ノ結果脱漏ヲ発見セシニ由ルモノ」[18]と推定されている.

この後の戸口調査は,長期人口統計として見るときは,比較的等質的数値として考えられるが,詳細な分析には,民籍調査独特の戸の概念に留意しなければならない.

民籍調査は,韓国の伝統的戸口調査と異り,奴婢に独立した民籍を与えることにしている．しかし経過措置として,「附籍」として「主家民籍ノ下ニ之ヲ置ク」ことを認め,在来の慣行との調和を図っている[19]．このため,戸の概念を

第10表　朝鮮の世帯人員数の変動
(1戸当り構成員について)

年	1戸当り人数	1住居当り人数
1910(明治43)	5.2940	
1911(　　44)	4.9157	
1912(大正1)	5.0484	
1913(　　2)	5.1179	
1914(　　3)	5.1489	
1915(　　4)	5.2710	
1916(　　5)	5.3088	
1917(　　6)	5.3480	
1918(　　7)	5.3190	
1919(　　8)	5.3243	
1920(　　9)	5.3292	
＊	(5.3009)	
1921(　　10)	5.3292	
1922(　　11)	5.3072	5.4981
1923(　　12)	5.3147	5.5281
1924(　　13)	5.3240	5.5670
1925(　　14)	5.3232	5.5802

(注)　＊国勢調査数値(10月1日現在).
(資料)　『朝鮮総督府統計年報』より算出(朝鮮人世帯のみ).

　実際の調査時点で解釈を難しくさせ，複合世帯を1戸としていることを多くしたと推定させる．この後大正11年12月総督府令154号「朝鮮戸籍令」の施行に伴い，戸籍に記載されるものは家族に限定され，従って戸口調査の戸は親族世帯としての戸に概念が統一されるようになった．「朝鮮総督府報告例」では住居と世帯とを分けて調査することが可能になったのは，この時点からである．第10表に示すように，従来の1戸当りの家族員数は，1世帯当りの家族員数と1住居当りの人員数との間にあり，これ以前の戸口調査が，住居と世帯の概念が未分離の部分を含んでいたことを暗示している．

　従って，これ以降の年次の人口動態統計は，世帯概念に近い戸口概念を持つわけで，しかも大正14年の世帯概念に統一した国勢調査による静態人口統計を得た後は，精度は極めて高くなったといえる．

　朝鮮の戸口調査の時系列統計は，昭和5年の大調査年の国勢調査の結果が得

られるまでは, 唯一の職業別人口・有業別人口の統計としての役割も果していた. その精度は, このセンサスで初めて全面的に, 対比検討する相手を得たことになる. しかし, 昭和 4 年までの戸口調査職業別人口自体が, 等質的な統計数値ではなかった[20].

戸口調査の職業別人口は, 大正 5 年までは家族中の無業者と, 戸主以外の職業についているものの両者を区別していない. 大正 6 年以降は, 有業者と無業者の区分はなし得るが, 有業者中戸主以外の職業に属するものの措置は同じであって, これがどの産業に属するかの産業配分は難しい. ただ前記の民籍統計の戸に附籍の奴婢を含むという解釈は, 戸主と異る職業に属するものが, その 7 大職業分類の第 1-第 5 に分散するのではなく, 第 6 の「其ノ他ノ有業者」として分類される家事使用人である比率が高いことを推測させる[21].

これに対し,「明治 38 年臨時戸口調査」以前の台湾の戸口調査の職業別人員は, 職業別戸数と切り離しているので, やや朝鮮の戸口調査よりは職業別人口に近い値が得られるはずであるが,「一家族ニシテ各其業ヲ異ニスル者ハ各自ノ職業ニ依リ区別スヘシト雖モ其戸数ハ戸主ノ職業ニ依ルヘシ又一家族ニシテ職業ナキ者ハ戸主ノ職業ニ依リ之ヲ記入スヘシ」(傍点引用者)としてあるので, 妻子などの無業者が混入している可能性があり, この合計で有業人口を算定するならば過大推計をする可能性がある[22].

b) 工業労働者推計上の問題

全産業に亙る時系列データは, 戸口調査に依存しなければならないが, 工業のうちのいわゆる近代工業に近い工場生産部分については,「総督府報告例」による「工場表調査」により, 従業員数が求められる. これが, 内地の「農商務通信規則」の工場票による「工場統計」に完全に相当するかどうかは, 次節で改めて検討する.

ただ, この労働者数は, 完全に等質的な工場を調査したものとはみなしえない. 朝鮮での工場の定義は従業員 5 人以上または原動力を有する工場と年間生産額 5,000 円以上の工場であり, 台湾では内地と同じに, 5 人以上の従業員または原動力を有するものである. 朝鮮の場合はこの金額規定の金額が大正から

昭和まで同一であることから，この金額規定部分には従業員数は5人以下で原動力も持たないけれども物価上昇により，工産物価額があがったために工場扱いにされてしまった家内工業部分の労働者数が算入されてしまうことになる[23]．昭和13年以後に内地に合せて急速に整備された労働関連諸統計である，「工場統計表」「労務動態調査」「労働技術統計調査」の主要調査項目の対照をして相互対応する項目(matching key)の得られる昭和16年の台湾の工業部門をとると，その数値は相互整合性を持つことが明らかになった．このことは，内地の相互非整合的数値の累積と比較して，この地域での統計調査環境は悪化していなかったことを示している．

これらの諸数値を組み合せてミクロ・データ・セットを作ることによって，特に台湾では昭和13年より17年にかけての精度の高い統計系列を作成することができる[24]．

日本支配下の最終的労働統計は労働者数について，昭和19年の「人口調査」により，朝鮮については，年齢階層別・民族別の経営者，事務者，技術者，作業者，公務員・自由職業等，無業者の数値が，台湾については現地人(本島人と中国人)に関しては48職種・業種，日本人に関しては工業労働者の細目分類がなく，17職種・業種の数値が得られる．

4-2 工業生産統計の精度(朝鮮・台湾)

a) 農商務通信規則との対応

工業生産統計は，内地においては，a)農商務省が農商務通信規則で開始した，明治16年から大正14年の商工・農林両省の分離まで続いた表式調査による工業製品の生産高調査と，b)明治27年から大正9年までの(明治42年以降の5年毎のセンサス調査年を除く)他計式〔工場票〕による従業員規模10人以上の工場の個票調査と，c)明治42年以降5年毎の従業員規模5人以上の工場の自計式センサス調査と，それの継承である大正10年10月省令43号〔工場統計報告規則〕による4人以下の零細工場を含むセンサス調査(但し，大正12年以降再び5人以上に切替)の3系列の調査が存在していた．

「工場統計報告規則」は後に，昭和4年になって，「資源調査令」を根拠法とする国家総動員計画の資料を兼ねた常時5人以上の職工を使用しうる設備をもった工場をも対象とする調査に変貌し，さらに昭和14年には，再び従業員規模4人以下の零細工場を含むセンサス調査として拡大されていった．

朝鮮・台湾の「報告例」による「産物表調査」と「工場生産表調査」が，これらの3系列にどのように対応するかは，まだ完全には判明していない．ただ以下の推定は可能である．

台湾については，「職工10人未満ト雖モ著名ノ工場若ハ特殊ノ工場ト認ムルモノハ尚之ヲ調査スヘキ」(明治39年内務省訓令520号「報告例別冊」)の規程が，他計式調査の場合には適用されていたと思われる数値が調査結果として表章されており，大正10年の改正に相応し，以下昭和17年までは，原動機を有するものまたは従業員規模5人以上で調査集計されていたと推定される．これが工場調査の系列であり，工産物調査の系列は，大正10年，昭和10年と改定され，調査品目数が増加し，内地と異り二本建て統計が行われていたと思われる(『台湾商工統計書』の注記載の変遷による)．

朝鮮の場合には先に示したように，大正7年の「報告例」ですでに，「職工及徒弟ヲ通シ製造時期ニ於テ平均1日5人以上ヲ使用スル総テノ工場……原動力ヲ有スル工場及1箇年ノ生産額5,000円以上ノモノハ職工徒弟5人以下ト雖之ヲ調査」するとなっている．

両地域とも表式調査による工業製品の生産高調査は内地と異り，中止せずに行われたものと思われる．これが，例えば「朝鮮報告例」の昭和9年では，工産表について「本表ニハ朝鮮工場資源調査規則第1条及第2条ニ該当スル工場生産以外ノ生産ニ付，自家用・販売用ヲ併セ調査掲記スベシ」(傍点引用者)としているのに相当すると思われる．

b) 資源調査令と調査の変貌

昭和4年の資源調査令に基く「工場調査」は，台湾・朝鮮共にそれぞれの「資源調査令」を定めて調査の手直しを行っている．その手直しの実態はかならずしも明瞭ではない．

台湾においては，昭和4年の統計を収録した『資源調査令ニ基ク工場関係資料集』(昭和6年刊)と昭和4年より7年までの統計を収録した『資源調査令ニ基ク工場関係資料集』(昭和9年刊)を出版している．これでは「常時5人以上ノ職工ヲ使用スル設備ヲ有シ，又常時5人以上ノ職工ヲ使用スル工場主ヨリノ報告」を集計したものであるとしており，『台湾商工統計書』の注記よりは，明確に内地に合せて工場範囲を拡大したと推定される．5人以下の工場が工場数でどの程度含まれていたかは，正確には『台湾工場通覧』の工場名リストで従業員規模統計を再構築して整合性を検討する手法によるべきであるが，「工場名簿」の前書きからして，原動機の使用をもって設備規程を読みかえたものと思われる．

調査対象の範囲が生産額と共に変動する朝鮮についてこそかかる検討が必要なのであるが，かかる詳細な検討をする資料がまだ十分発見できず，「工場名簿」についても統計精度の安定したと思われる昭和9年以降のものしかまだ入手し得ていない．今後の検討にまちたい．

1) Gerschenkron が，ロシアに写してヨーロッパを見ようと試みたように，旧「植民地」には日本内地の姿が写し出されている．旧「植民地」という表現には，正確でない側面もあるし，当時の呼称を用いることには異論もあるであろうが，ここでは日本で呼ばれていた行政的呼称を用いた．繁雑さを避けるためだけの用法である．

　　旧「植民地」としてどの地域を指すかは，植民地を持っていた時点の分析ですでに明瞭ではなかった．例えば，国民所得推計の戦前の代表的水準を示す土方推計においては，属地主義なのか属人主義なのかかならずしも明瞭でなく，各所に「満州・朝鮮・台湾を除く」という表現がみられるので，逆に樺太を含めて日本「内地」として推計を行ったのではないかと推測される(土方〔1933〕)．この点は，戦後の山田推計が公表されるまで，各種の国民所得推計についても同種の問題は伏在している(山田〔1956〕)．

2) この便宜的3区分は，日本の植民地化前に，a)その地域の現住民族が，それ自身の政権を持っていたか，b)政権は持たなく，しかも他の民族の国家の支配下にあったか，それとも c)日本民族の支配下にあったかで分けている．厳密にいえば，台湾も，中国系人の支配下にあるという点でb)に属すると解することもできる．またこの基準によれば北海道も c)に入り，樺太・千島と区別することはできない．現に明治初期にはこれら3地域は同一の開拓使の管轄下にあったし，行政的措置としては，いわゆる内地と微妙な差があり，現地の日本民族は，北海道以外の本州諸島を「内地」と俗称していた．問題が表面化しなかったのは，アイヌ民族が絶対数で少数民族となっていた

ためである．函館戦争で榎本武揚等が国際法上は独立を唱えたといっても，それは流れ込んだ旧幕臣の問題であり，現住の日本民族・アイヌ民族とは無関係であり，その点では琉球藩とも異っていた．琉球藩は，その政体からいって，民族統一国家形成前の，日本民族による複数国家併存期の一つと見ることができる．いずれにしても群島国家であったため国境意識の形成の稀薄な日本民族の場合に，この点を明確にするのは別箇の作業が必要である．

3) 樺太の少数民族(アイヌ人等)も，同一の様式で調査しまた調査予定であったことは，『明治5年戸籍人員表・長野県・山梨県・開拓使』(国立公文書館所蔵稿本 2A/31-1 附 C-12)の「本文樺太州人民在籍加籍トモ詳細取調出マテハ戸籍表面ヘ土人ハ人員総計ノミ書載候旨届有之候事」といった注記で知ることができる．ただ明治7・8両年の稿本でも，原住民族(「土人」)の調査は遅々として進まなかったようである．これは当時の日本の調査側の通訳能力の不足もあると思われる．この少数民族の戸籍調査については今後の調査にまたなければならない点がある．

　少数民族のなかでも，アイヌ民族については「樺太土人戸口規則」(明治42年樺太庁令17号)，「土人戸口届出規則」(大正10年樺太庁令35号)の届出規則によって戸籍が作られていたようであるが，ウイルタ・ニブン(ギリヤーク)などの少数民族については，ほとんど作られず，敷香支庁土人事務所がオタスにこれらの少数民族を強制移住させた折に，昭和5年頃「原住民人名簿」を作り，戸籍に替えていたといわれている．従って，統計調査の年齢別人口等もかならずしも正確でなかったと思われることが，D. Gendānu(日本名北川源太郎)の最近公刊の回想録で明らかにされた(田中了，ダーヒンニエニ・ゲンダーヌ共著『ゲンダーヌ——ある北方少数民族のドラマ』現代史出版会，1978年刊)．

4) 一元的統計調査を可能としたのは，総督府長官は現役陸海軍大将で，統帥権の下に天皇に直隷するという点で，内閣総理大臣と同じ権限を持つという法制に由来する(萩原[1969a][1969b]，高田[1934]には，旧「植民地」の統計調査機構の職制に関する簡潔な解説がある)．

5) 台湾については，明治29年11月民政部訓令51号，明治31年11月26日訓令313号「台湾総督府報告例」の形で表式が定まり，明治30年対象年の第1回統計書が明治32年に刊行されている．ただ報告表の別冊の表式「報告例」は，表で使用した概念の定義を知るために不可欠であるが，筆者はこの明治31年のもののみしか入手していない．

　朝鮮については，大正元年11月22日総督府訓令20号「朝鮮総督府報告例」を設定の後，ほぼ毎年改定している．筆者が日韓両国で調査しうる範囲で入手したものは，大正7, 10, 11, 12, 15，昭和8, 9, 11の年次に限られている．道知事は別冊甲号で，その他の所属官署長は別冊乙号で報告の義務がある．道・府・郡では大正2年3月官通牒77号「道府郡統計年報調製標準ノ件」で，毎年1回統計年報を調製することになっている．しかし実際には，「道統計年報」「道勢要覧」等の刊行状況はあまり良くなく，内容も種々である．他は，樺太が大正11年3月15日樺太庁訓令31号「樺太庁報告例」，関東州は大正7年5月訓令38号「関東都督府報告例」を受けて，さらに大正13

年5月関東庁訓令33号「関東庁報告例」,南洋庁は昭和2年6月18日南洋庁訓令14号「南洋庁報告例」を定めて,それぞれ「統計年報〔書〕」を刊行している.
6) 朝鮮・台湾など旧「植民地」では,中央の統計担当官より各種行政担当部局の統計官と直接連絡のうえ調査を命じたり集めたりする権限を持っていた点で,「内地」の分散型と異っている.
7) これら一連の土地調査については,台湾については,江〔1974〕の詳細な研究がある.基本資料については同書を参照.朝鮮については,萩原〔1966〕に簡単な説明がある.詳細は,当時の土地調査報告書朝鮮臨時土地調査局『朝鮮土地調査事業報告書』(大正7年刊,追録大正8年刊)や『地価算表』『面の名称及区域』『土地調査例規』などを参照しなければならない.関東州については,関東庁臨時土地調査部『関東州土地調査事業報告書』(大正13年刊)がある.

調査機関・期間・経費は,大要次の表のようである.

地　域	担当機関	期　間	経　費
台　湾	臨時台湾土地調査局(後藤新平・中村是公)	明治31(1898)→明治37(1904)	522万
朝　鮮	韓国度支部司税局量地課(目賀田種太郎)→土地調査局	光武10・明治39(1906)→隆熙4・明治43(1910)→大正7(1918)	1200万
関東州	関東庁臨時土地調査部	大正3(1914)→大正13年(1924)	230万

8) 第1回の臨時台湾戸口調査では,種族は,内地人,本島人(福建人・広東人・其ノ他ノ漢人・熟蕃人),生蕃,外国人(清国人ヲ含ム)という分類であり,生蕃の居住の山岳地帯を「蕃地」と呼んでいる.高砂族という総称が,後に昭和5年「国勢調査」より使用されるけれども,これが文化人類学的種別でないことは当時から意識されていたことは,当時の「国勢調査」調査記録によっても明らかである.ただそれらを使用言語等によって識別することは,当時の調査員の水準では不可能であったと思われる.

第1回臨時台湾戸口調査に参画した水科七三郎は,警察官を多数調査委員に使用したのはもっぱら「土語を善くする者」であったからで「サーベル主義」による調査ではないとして,原地住民の言語に関心を払っており(水科七三郎「臨時台湾戸口調査と帝国国勢調査」『統計集誌』359号,1911年1月),さらに第4回調査の後に「理蕃政策も著々奏功したるを以て,仮行政区域内と同一視すべからざるも,予め相当の準備を為さば,其の調査敢て困難ならざるべし」と記し,第5回で実現した山岳地帯の「高砂族」の調査を提唱している.しかもそこで「高砂族」の大正10年末人口をタイヤル・サイセット・ブヌン・ブカワ・パイワン・アミ・ヤミといった民族に分けてその状況を論じているように概略は把握していた(水科七三郎「台湾に於ける蕃人人口に就て」『統計学雑誌』485号,1926年).けれども国勢調査で厳密にこれらの分類を行うというのは,また別問題であった.
9) 総理府統計局『総理府統計局百年史資料』第2巻.
10) 商工省が商業は自省の所管事項であるとして,統計局が調査を実施するのに反対し

たが，最終的には，統計局は小売業の実体調査を行うのであり，卸売業は商工省が調査するということで妥協が成立したと，当時の統計局の調査官友安亮一は記している（古瀬（編）〔1972〕所収）．ただ，昭和14年の臨時国勢調査の卸売業は，友安の報告のように小売を兼業するものだけでなく，卸売業全体を含んでいるものと推定される．これらの統計調査全体をセンサス体系形成と認識するよりは，戦時動員体制の統計調査的表現と見る方が通説であろう（日本統計研究所〔1960〕，相原・鮫島〔1971〕）．しかし明治35年の国勢調査に関する法案提出者は，米国式の人口調査，農工商の経営調査を包括する調査を考えていた（高田〔1934〕）．この発想は永く統計局に伝えられていた点から筆者のような解釈も成立するといえる．

11) この調査の重要性を指摘した初期の論稿には梅村〔1955〕がある．一連の商業調査・工業調査の実施状況については不分明のものもあるが，商業調査については加地成雄の記録がある（加地〔1939〕）．

12) 商業部門の就業人口は，従来資料的に推計に種々の問題があることが指摘されているだけに（高松〔1975〕），この調査は極めて重要なデータ源である．

13) もっとも，他の目的に調査内容を利用しないということが，どこまで実質的効果を有するかは，その調査時点の社会的状況によって異なっている．昭和14年「臨時国勢調査」でも売上高・在庫高がこのように少いはずはないから，「今後の配給及販売は凡て此申告数字に依り夫れ以上取扱ひ得ないこととなるも差支えなきや」という念押しで申告訂正があったといった記録に，その間の事情がうかがえる（長沢好晃「重要物資の調査機構と生計調査に就て」『統計学雑誌』654号，1940年）．

14) 高田〔1934〕．

15) 友安〔1975〕には，当時の調査の重複状況を調査した，一般には未公表資料が再録されている．

16) 刊本のあることは金〔1965〕の記述による．

17) 民籍調査の実態については，主として〔韓国〕内務部警務局編纂『民籍事務概要 隆熙4年5月10日調査』（明治43年，京城刊）による．

18) 韓国統監府『韓国統監府統計年報』，朝鮮総督府『朝鮮総督府統計年報』による．

19) 「附籍トハ所謂奴婢トシテ転々主家ニ使役セラルル者及自己ノ籍ナクシテ他家ニ寄スル者ニ対シ民籍整理ノ便宜上之ニ籍ヲ与ヘ主家民籍ノ下ニ之ヲ置クノ取扱ヲ云フ換言セハ前記ノ二者ハ古来社会上ノ位置甚タ卑ク何等能力ナク社会一般ノ義務ヲ負担スルヲ得サル者ト認メラレタリ本法ハ此慣例ノ意ニ酌ミ此附籍者ノ身分戸口申告義務ハ之ヲ主家ノ戸主ニ負担セシムルコトトシタルナリ但シ其民籍ハ別紙ヲ以テ調成シ主家民籍ノ次位ニ編綴スルモノナリ」（「民籍法」第13条）．

　日本でも，壬申戸籍では附籍が導入されている．しかし，日本の附籍の方が韓国の附籍よりも血縁関係等を含んだ多様な要素が混入しているように思われる．

20) 大正7年報告例では「主業者トハ1戸ニ於ケル生活ノ主タルヘキ職業ニ従事スルモノヲ謂ヒ其ノ他ノ業務ヲ有スルモノトハ主業以外ノ職業ヲ有スルモノヲ謂フ」という注記から，戸籍法以降の大正15年の報告例では「現住住居，世帯及人口ハ毎年12月末日ヲ期トシ其ノ地ニ現住シテ住居又ハ世帯ヲ為ス者ニ就キ（1住居ニシテ1世帯

ナルカ又ハ2世帯以上ナルカ)住居,世帯及其ノ人口ヲ調スヘシ」とあり,「世帯トハ住居及家計ヲ共ニスル者ヲ謂フ,1人ニシテ住居ヲ有シ家計ヲ立ツル者亦1世帯トス.家計ヲ共ニセサルモ別ニ住居ヲ有スル者又ハ住居ヲ共ニスルモ家計ヲ立ツル者ハ1世帯トス其ノ1人ナル場合亦同ジ」とある.

21) いま i 業種の家の主業者数 P_i, 無業者数 N_i, i 業種の家で j 業種で働く者の数を S_{ij} (但し $S_{ii}=0$) とすれば,明治43年までは $(P_i+\sum_{j=1}^{7}S_{ij}+N_i)$ の1項目のみが表示,大正5年までは P_i と $(\sum_{j=1}^{7}S_{ij}+N_i)$ の2項目が示され,大正6年になって P_i, $(\sum S_{ij})$ と N_i の3項目が示される.従って,i 業種の実雇用者 W_i は,$W_i=P_i+\sum_{j=1}^{7}S_{ji}$ で定義されたとしても,$\sum_{j=1}^{7}S_{ji}$ が知られないので,W_i が $P_i<W_i<P_i+(\sum_i(\sum_j S_{ji}-\sum_j S_{ij}))$ であることが判るだけである.この右辺の項を,大正9,14,昭和5,10年について試算してみた.昭和5年には,農業より農業以外の業種に流出している部分の相対比重が高まっているとはいえ,相対比の大きな変動はなく,昭和10年になると全業種に亘って,主業種以外への流出者の数が減少しており,就業構造の大幅な変動の跡を示している.この戸口調査と国勢調査の有業者人口の対比については,尾高[1975]参照のこと.

22) 明治31年台湾報告例による.また,ここでの戸口には「現籍寄留ヲ問ハス」とあり,戸数は「1世帯ヲナス竈数ヲ記スヘシ,但シ官舎学校病院製造所等構内ニ居住スルモ別ニ1竈ヲナス者ハ1戸トシテ記入スヘシ」とある.

23) 大正7年朝鮮報告例では「工場表」を記載するのに各工場名毎であることから,「農商務通信規則」と同様に,工場票を使用したと推定される.ここでは「年末現在ノ工場(製造時期ニ非サル故ヲ以テ休業中ノモノヲ含ム)ニ就キ調査スヘシ」「本表ハ工場所有主ノ官庁及会社タルト個人タルヲ問ハス職工及徒弟ヲ通シ製造時期ニ於テ平均1日5人以上ヲ使用スル総テノ工場ヲ調査スヘシ,但シ原動力ヲ有スル工場及1箇年ノ生産額5,000円以上ノモノハ職工徒弟5人以下ト雖之ヲ調査スヘシ」「分工場ハ本工場ト区分シテ各別ニ掲記スヘシ」「従業者数ハ工場ニ使用スル製造時期ニ於ケル1日ノ総数ヲ掲記スヘシ,尚従業者中男子女子幼年工(年齢六十〔ママ,16〕歳未満)見習工及伝習生ハ之ヲ区分シ,外国人ハ国籍ヲ示スヘシ」とある.

24) この推計結果は紙幅の関係で省略した.別途発表の予定である.

IV 戦後の統計改革とデータベースの編成

1 占領軍の統計政策と Rice 勧告

　昭和20年8月15日の敗戦の後,日本は連合軍の占領下に置かれ,旧「植民地」領域であった朝鮮・台湾・南洋群島・関東州の他,樺太と北海道所属の千島列島と沖縄(県)の統治権を失った.沖縄は琉球民政府の手でほぼ完全に米国方式に従って統計調査が施行されたが,日本「内地」も同様に,連合軍とはいうものの実質は米国の強い影響下に統計制度の再編成がなされた.昭和20年代の初頭は表面的には日本政府の責任で統計行政が行われていたとはいうものの,占領軍総司令部 GHQ(General Headquarters)の強い命令で様々な調査がなされた.プレス・コードによる出版の規制をし,間接統治の形態は表面化しなかったため,その間の占領軍の規制がどのようであったかについては,まだ十分明らかでないところがあるが,一応の状況は日本統計研究所『日本統計制度再建史——統計委員会史稿』(昭和37年刊)で知ることができる.

　戦後統計制度の再編成過程でどこまでが日本の統計委員会の独自な構想で行われたのか,どこまでが2度に互る Rice 統計使節団の影響による改革であるかは,農地改革と戦前の自作農創設法との関係に似て,論者によって解釈は異っている[1].ここではその点に立ち入ることなく,この戦後の統計改革の要点を次の二つに求めてみる.(i)統計調査体系をセンサス体系による全数調査から標本調査とセンサスの組合せ方式に再編成する.(ii)かかる標本調査とセンサスの組合せ調査は分散型統計制度で運用され,これらを調整する中央集権的調整機構,具体的には米国のセンサス局的なものを作る.この二つの点はかならずしも全面的に実現したわけではない.第1の視点からは,調査は中央集査となり,分散型統計機構で実地調査が行われるにせよ,それぞれの調査は何等かの中央による管理が必要となってくる.しかしこの中央管理の必要性が,そ

のまま第2の中央統計機構の作成には結実しなかった．内閣統計局では川島孝彦統計局長が戦争末期から一元的中央集権的統計機構の樹立という形を強力に主張していた．けれども敗戦直後の各省の統計調査機構が崩壊に近かった状態を昭和22-23年にかけて総司令部の各部局の要求で急速にしかもバラバラに復活した結果，事実上は，完全に分散型統計制度が確立したため中央集権化は難行した．総理府統計局はRice勧告にあるような米国のセンサス局的機能は完全には持たず，統計委員会(昭和21年12月28日勅令619号)がかかる調整機能を果すことになり，独立の回復と共に昭和27年7月31日行政管理庁統計基準局となり，その後さらに行政改革によって現行の行政管理庁統計基準主管に縮小されてしまった．

これらの統計行政の改革は統計調査の基本法として「統計法」(昭和22年3月26日法律18号)を設定し，これによって政府官庁の統計調査には指定統計と届出統計の二つの大きな種類が作られ，前者については調査結果の調査個票の利用に慎重な処理手続を定め，統計調査に関するプライヴァシイ保護の原則を確立した．

a) センサス・標本調査組合せ体系の形成

標本調査による調査の必要性は，生産統計については，戦時中から認識されていた．戦後の生産動態調査の萌芽である調査が資源調査法に基く「重要工場調査」(「重要工場調査規則」昭和17年3月31日商工省令27号)として重要物資の生産工場について毎月調査として行われていた．これは実質的には極めて短命であり，昭和17年4月に開始され昭和18年12月17日付(軍需省令7号)で廃止されて終ったとはいえ，徴発・配給に直結しない統計調査の必要性が戦時動員体制下でもかかる調査方式を生み出したといえる．賃金動態調査としては現在の「毎月勤労統計調査」の前身である「労働統計毎月実地調査」があり，これは内務省社会局の「職工賃銀毎月調査」(大正12年7月)と鉱山監督局「鉱夫賃銀毎月調査」に端を発している．

戦後の標本調査による各種動態調査の作成という方式とこれらの戦前の調査との差は，戦後調査は確率標本抽出の発想を採用した点に求められる．このよ

うな標本抽出法を採用する以上は標本抽出の枠(frame)に当るセンサス調査が完備する必要がある．人の把握に関しては以前から世帯単位の「国勢調査」があるが，戦後創出された画期的なものは「事業所統計調査」である．この調査は，第1回が昭和22年であり，以後3年に1度の調査が行われ，「工業センサス」「商業センサス」など各種の団体を調査単位とするときの事業所概念の調査の基本的なリスト・データを提供することとなったのである．

この二つの基本的な調査対象リスト編成の役割を持ったセンサスの成立によって，戦前からの生産・流通関係の基本的センサスである「工業統計調査」と「商業統計調査」に関して，調査対象の捕捉率の尺度ができた．即ち通常「事業所調査サイクル」と呼ばれる，事業所調査の行われる年次に実施された工業・商業センサスでは，事業所数・従業員数が膨張するという現象が発生し，間接的に捕捉率の尺度が与えられるからである．

標本調査の導入によって，集計結果が早く入手しうるだけでなく，全数調査では考えられない詳細な調査を行うことができるという利点の反面，日本の統計調査が，地方分査から出発したことによる伝統的な地域単位の詳細集計表を作成するという方式が，この改革で崩れ去った．その結果,「府県統計書」「市町村統計書」に代表される地方の統計調査制度の弱体化を生じ，これらの地方統計書は，もはや「全国統計書」の精度の吟味材料としての役割を果さなくなった．全数調査による精度の吟味の役割を，確率標本抽出法による母集団の値の推定値が信頼限界の推計によって代替しうるのは，全国総計の水準であって，地域データについては，標本数が少い場合には代替し得ない．

b) 伝統的標準化分類の改革

データの定性的属性概念の分類の標準化の試みは，(i)調査のための概念の意味の確定(category semantics)と，(ii)統一された相互比較可能な集計のデータ構造の確定という二つの意味がある．

第1の意味で分類の標準化の最初の試みは明治8年の内務省の死因分類に遡ることができるが，詳細な近代的分類の試みとしては明治12年「甲斐国現在人別調」の職業概念の編成がある．この後「臨時台湾戸口調査」を通じて(ii)

の役割を果すように職業分類の標準化がなされ，大正9年の第1回「国勢調査」で一応の様式を確定した(大正9年12月24日内閣訓令1号)．これはヨーロッパ諸国でしばしば用いられるジャック・ベルチョンの職業分類を基礎にしたものである．けれどもこれは職業の所属する産業概念に即応した分類と言うべきもので，昭和5年「国勢調査」の際に産業分類と職業分類を区別した分類を作成した(昭和5年12月27日内閣訓令3号)．これは1923年の第1回国際労働統計会議の議論に準拠したものである．

この他，死因分類は大正13年に「人口動態調査ノ結果表章ニ用ウヘキ死因及疾病分類」(大正13年3月24日内閣訓令1号)の後，昭和4年第4回国際死因及疾病分類改訂に関する会議の新国際標準分類に基いて昭和7年に改訂された．この他の「工業統計調査」用産業分類と商品分類の試みも，かならずしも国際連盟統計委員会などの国際的標準化の動きを無視して行われていたわけではなかった．けれども国際的標準化の方式に完全に合致したものではなかった．

この点の標準化への試みは1950年世界センサスのためのGHQの指示(1947年11月7日付GHQ経済科学局の覚書)を契機として急速に進行し，(i)日本標準産業分類(昭和24年)，(ii)日本標準商品分類(昭和25年)，(iii)昭和25年国勢調査用職業分類(昭和25年)(後に日本標準職業分類(昭和35年)となる)，(iv)輸出入統計品目表(昭和26年)(標準国際貿易分類(昭和25年)を適用したもの)，(v)疾病・傷害および死因統計分類の日本標準分類(昭和25年)が作成された．このような一連の標準分類の作成は，データの概念の相互整合性を明らかにし，逆に異った調査間の同一概念を結合子として精度を比較する尺度を作ることを可能にした[2]．

c) データ相互の完全接合体系

内閣統計局『大正14年に於ける国民所得』(昭和3年刊)以来，土方成美推計(昭和8年)など各種の国民所得推計がなされ，日本経済統計が相互にどれだけ整合性をもった調査として作られているかの間接的な検討は行われたが，それが既存の統計調査体系を変える力までは持たなかった．しかし占領軍の日本の賠償能力算定，軍国主義的再武装を予防するための許容経済力水準の確定とい

ったことのために国民所得の推定が不可欠となり[3]，この場合は統計調査体系自体をまきこんで推計作業がなされた．一方，ケインズのマクロ理論は強力な影響力を経済政策立案にも与え，それは Cowles Commission 流の計量経済学的実証分析の手法の導入と関連して，国民所得統計に対する日本側の需要にもなり，国民所得概念に基いて各種統計調査項目の間の調整を行うことが実施され，統計調査の体系的拡大の要因となった．例えば国民所得概念に適合した設備投資額の推計のための大蔵省「法人企業統計調査」，個人業主所得推計のための総理府統計局「個人企業経済調査」などがこれに当る．これはセンサス・標本調査の組合せによる調査手法のデータの整合的体系化と対になって非常に効果的な統計調査の体系的管理機能の役を果すことになった．

この国民所得の推計よりさらに高次のデータの相互整合性の要求されるのは産業連関表の作成である．経済企画庁が昭和30年に「昭和26年総合産業連関表」を公表，通産省が翌31年に「昭和26年産業連関表」を公表し，この他各省庁で連関表作成が行われた．最終的には行政管理庁が調整しながら各省連合で公表するようになり，今日に至っている．これによって，国民所得勘定の場合は相互に相殺される産業間取引を推計しなければならないため，生産統計を中心としてデータの相互接合性に関する関心が高まった．

さらにフローの分析としての産業連関表からストックの分析を含む資本係数表の推計には詳細な「国富調査」が必要であり，新しい統計調査を生み出す契機となった[4]．これらの新しい理論概念に必要な統計データを推計するために必要なデータ開発を含めて，指定統計調査は急増していくが，昭和27年の年間承認件数を頂点として，昭和34-35年頃には，統計調査数の拡大は一応飽和状態に達したといえる[5]．

d) 分散型統計機構における中央調査機関

統計調査機構は，戦災等による集計機械の喪失のため，中央集査を維持することを難しくした．しかし旧占領地帯と旧「植民地」など外地からの引揚者の急増，軍隊の解体に伴う海外からと内地への復員者の移動といった社会的人口変動のために，全国的規模での人口調査は敗戦直後から必要であった．

資源調査法により昭和20年11月1日と昭和21年4月26日とに実施の「人口調査」，昭和22年10月1日実施の「臨時国勢調査」と，GHQ の指示による Ration Population Survey（配給人口調査）である昭和23年8月1日実施の「常住人口調査」などは，この種の全国人口調査である．このうち「常住人口調査」や昭和22年「事業所調査」などは地方分査により集計し，短期間に全国的調査結果を集計することができたが，それ以降は集計機械の輸入等で中央集査に戻った．しかしこの中央集査はあくまでも分散型統計制度のなかでの中央集査の機械化であった．

　分散型統計調査としての最も代表的なものは，中央政府権力の後退に伴って作物収穫量の正確な推計が食糧需給の調整のため必要となり，昭和22年から標本調査法を適用した坪刈りによる実測を伴った「作物調査」のため農林省直轄の作物報告事務所を設置したのと，統計委員会の反対を押し切って GHQ 指示で実行された「人口動態統計調査」の厚生省移管である．これによって市町村戸籍係—府県統計課—統計局という人口小票調査の伝統的な方式は戸籍係—保健所—府県衛生部—厚生省という形となり，いま一つ独自の末端機構を持った分散型統計制度が作り出された．この他労働省の厚生省から分離するのに伴い「毎月勤労統計調査」が同省に移管になった．この調査と平行して短期間であるが労働省の地方機関の労働基準局が同種の調査を独自に行っていた．

　この強力な末端機構を持った分散型統計調査機構に対応する中央調整機関としては，実質的には2種類の組織を生み出した．一つは標本調査の枠作成の役割を果す伝統的な中央統計機関である統計局であるが，今一つは国民所得勘定，産業連関表といった新しい経済構造データの体系化の中心になる経済審議庁，後の経済企画庁である．より全体的総括をなすはずの統計委員会は，占領期間終了後は統計審議会と行政管理庁統計基準部に役割が引き継がれるが，その調整機能は縮小した．統計調査の体系化の再編成は，電子計算機の機能の拡充に伴ってデータベースを必要とする新しい事態に至るまでは進行しなかった．

2 電子計算機の発展とデータベース
―― メッシュ統計の編成とデータベース ――

　PCSからデジタル型電子計算機へという集計処理の機器の技術革新は，単に集計処理能力の急速な拡大だけでなく，補助記憶装置の記憶媒体の発展に伴って，情報蓄積の方法の大幅な変更を惹き起した．

　集計処理能力の拡大だけでも，標本調査の調査規模の拡張とセンサス調査の調査項目の増加が可能になった．しかも昭和36年には総理府統計局では「国勢調査」のデータ入力処理のためOCR(Optical Card Reader；光学文字読取装置)を導入することによって，調査個票から計算機可読型カードに人手でパンチする過程を省略することを可能にした．また入力データが複雑で調査個票の段階でマーク処理できないようなデータについては，ディスケット等を使用することによって入力データの省力化を可能にした．しかし，これらの変化は，集計処理されるデータのデータ構造の点からは，伝統的な手法を越えるものではない．これに対して補助記憶装置と記憶媒体の変化は，データの伝統的公表形態である印刷媒体以外に，再び計算機に直接再入力可能な媒体(磁気テープ，磁気ディスク等)で公表を行うことを可能にした．この変化は供給するデータを，多重集計表の形ではなく可塑的なデータ構造をもったデータベースの形にすることを可能にした．この変化による利益を全面的に活用するために，第1部で詳述したように，伝統的な統計調査の調査機構の枠そのものの変化を惹き起す「統計改革」と呼ばれる変化を生んでいる．これに対応する一連の変化が日本にも現われてきている．

　この種の変革を可能にしたのは，LC回路を使用した中央記憶装置の大容量化を伴った複数の入出力端末を持つ第三世代と呼ばれる型の計算機である．これによって中核になる電子計算機に入力してあるデータベースを共用し，端末を通じて検索するという分散型データ・バンクの発想が現実性を持って来て，分散型統計調査制度に対応して分散型データ・バンクに相当する機構を経済企

画庁・通商産業省・労働省など各省が保有するようになった．さらに標本調査の調査対象の選定も，センサスによるリスト・データのデータベースを使用して行うことによって，いままでのように単一のセンサスと標本調査の組合せという調査方式ではなく諸センサス相互の対応関係を考慮に入れて，センサス体系として編成したデータベースから選定することが可能になった．

具体的には，統計調査のリスト・データを綜合的な統計調査区単位のものに組み替える方式である．これまでも，行政区画のなかに，さらに統計調査区を設定するという方式は，大正9年の「国勢調査」の調査区以来行われていたが，これらはかならずしも汎用性をもった永続的調査区ではなかった．昭和25年の「国勢調査区」は継続的パネル調査が可能なように設定されたものである．この「国勢調査区」は事業所統計調査，商業センサス，工業センサス，住宅統計調査，厚生行政基礎調査などの調査区設定の基本とされている．これらの経過のうえに，昭和45年には米国のセンサス・トラクト(census tract)に対応するほぼ，最小の市町人口5,000人程度に下限を合せ，上限2万人程で1万人前後を標準とする「国勢調査区」を行政区域の他に恒久的地域単位として編成した．これは市町村別集計では市町村境界の変動に対応して変化するため時系列比較が困難な事態を解決するためである．これによって各種センサスの同一地区表章による集計処理が可能となった．

このような行政区域の変動に影響されない恒久的地域単位での集計が必要になったのは，昭和30年前後の町村合併による大規模な行政区域の変動による時系列データの断層も一つの誘因であるが，それだけではなく，それに引き続く「高度成長期」の経済政策に起因する．敗戦後の標本調査の導入は行政地域単位でのデータの細分化された作表を，前述のように大きく制限していた．ところが高度成長に伴う地域再開発計画は，各種の地域計量モデルを基礎としているため，恒久的地域データが不可欠であった．

昭和45年に総理府統計局は，昭和40年国勢調査，昭和41年事業所調査，昭和43年住宅統計調査の結果を用いて，首都圏地域について1平方km方形の「小地域情報統計」(通常メッシュ〔mesh〕統計と呼ばれる)を編成した．これ

は計算機によるデータ管理の新たな局面を開いたものである[6]．

　国勢調査のメッシュ統計データベースは，昭和45年調査から磁気テープ形態で全府県のデータが公開されている．かかるメッシュ統計作成の基本的思想は，地域的行政単位である市町村が社会生活の行為主体ではないという仮説に立脚している．同一の仮説に立脚したいま一つの地域区分の設計は，地域行政単位が経済生産の行為主体とならないのは都市であって，農業地域では，まだかつての自然村に相当する生産主体としての農業集落が残存しているのではないかとして，社会経済活動の単位としての農業集落を析出しようというものである．FAOの世界農林業センサスの一環として行われている農林省の「農林業センサス」が，米国の影響を脱して，全面的に農業集落単位で調査し始めるのは，昭和35年以降，昭和40(1965)年センサスからである[7]．

　いずれにしても調査区または表章単位地域が恒久的単位として管理され，その区画内の各種基本報告単位が網羅的にリスト化されたデータベースは，標本調査の抽出枠となるだけでなく，その拡張によって統計情報というよりは intelligence 情報に属するデータベースにまで発展させることが可能である．昭和43年8月の閣議決定に基く行政管理庁を中心とする「事務処理用各省庁統一個人コード」(一般に「国民総背番号制」と呼ばれるもの)は，この種のものである[8]．日本でも漸次的に進行している「統計改革」が，かかる個体情報データ・バンク的なものにまで拡張されるかどうかは，現在ではまだ明らかでない．明らかなデータベース拡張の方向は，毎年の「家計調査」の拡大である5年毎の「全国消費実態調査」に加えて，昭和51年「社会生活基本調査」の実施にみられるように[9]，個人の時間配分調査までも含むような統計調査体系を相互整合的な調査区を単位として行っていることである．

1) ここでライス勧告というのは，昭和21年暮と昭和26年に来日した，ペンシルヴァニア大学・シカゴ大学の教授経験のある社会科学者で，当時米国予算局次長・統計標準部長と国連統計委員長を兼ねた Stuart A. Rice を団長とするアメリカ合衆国統計使節団の出した2度の勧告を意味する．団員は日本の統計制度の改革ですでに関係していた Payton Stapp を副団長として，Jerome Cornfield, Edward T. Crowder, William E. Demming, Maickel Sapir であった．この意義については大屋祐雪の一連の研究が

ある(大屋[1966-68]).また日本統計研究所[1962]参照.
2) 分類の標準化の動向は,経済統計研究会を中心とした研究者の間で様々な角度からの検討がなされている(大橋他[1973]).
3) 後藤[1949]参照.
4) 日本は,地域産業連関表を含めて各種の産業連関表を多くの年次について作成している点で,計画経済の社会でない国のなかでは極めて特異な国である.これらの連関表の作成状況については金子・吉田[1969]の展望がある.ここでは,全国連関表の組替えでなく,直接地域連関表を作成した最初の北海道の昭和33年表を,地域調査重視の立場の復活の例示として,あげておくに留める.
5) 統計委員会事務局「第一次統計調査報告事務量調査結果」(昭和26年)は,この戦後の統計調査の最も多い時点の状況を示している.
6) データベースと関連しての統計調査再編成の各省庁の具体的状況については,松田[1978]を参照.
7) 25ページ注7)参照.
8) 「事務処理用各省庁統一個人コード」については,青野[1978]が詳しい.
9) 総理府統計局により,指定統計114号として,約5,000国勢調査調査区を選んで約7万6,000世帯について実施している.

第3部

企業統計データベース

I　企業統計データベースの設計

1　企業統計データベースの現状

　経済活動の基本的行動主体の一つであり,しかもその行動様式が極めて複雑なものは企業である.同じ基本的行動主体の一つである個人または世帯は,その存続期間は有限であり,しかもその経済力の格差には,富の世代間の継承(遺産の取得)があるにせよ,所得の不平等には限度がある.これに対して,企業は,その存続期間は,倒産・併合・吸収といった形で存続を中止することがありうるとはいえ,一応人間の世代を越えており,その限り,個々人にとっては準恒久的存在である.従って,その経済力の格差は,独占禁止法などの法的制約を置かれていても,資産の蓄積と共にますます開く可能性があり,かかる規模の異った企業を企業形態という属性のみで,その行動形態も同一の範疇に入るとみなすのは難しくなる.また,その経済活動上の意志決定も,個人や世帯と異って,規模が大きくなるにつれて組織による決定という集団的行為に依存するところが多くなってくる.従って,企業の行動様式の分析には,個人の経済活動の行動様式を分析する場合以上に多角的情報が必要である.しかも企業の行動は企業相互の行動に依存する面が多い.従って,企業行動の分析には集計量によるマクロ・データベースではなく,個別企業の行動が明らかにしうるミクロ・データベースに近いものが必要である.かかる企業行動分析用データベースの用途は広いと思われる.このデータベースの用途のなかでは,現在の経済活動に直接必要な情報に属する現時的データの探索(current awareness search)に応ずるためのものと,より長い期間の過去の歴史的状況の変化を知るための遡及的探索(retrospective search)用のものがある.前者は,消滅した企業を絶えず削除し存続している企業のみを収録するファイルの維持・更新管理が重要であり,後者は,過去の歴史的存在の企業データをも収録し,場合に

よっては復元調査の手法で，既存の統計では得られないデータを再構成して作成されなければならない．

　日本における現時的な企業統計データベースとしては，「有価証券報告書」の発行を義務づけられている上場企業に関する個々の企業毎のデータを収録しているものと，非上場企業を含む法人企業全体の統計調査データを収録しているものとがある．前者としては，日本開発銀行が東京証券取引所等の第一部・第二部市場上場企業の約1,549社の昭和31年以降のデータを入力したもの，日本経済新聞社データバンク局のNEEDS(Nikkei Economic Electronic Data Service)の一部の東京・大阪・名古屋証券取引所上場会社約1,700社の昭和39年以降のデータを入力したものなどがある．後者としては，大蔵省の「法人企業統計」データのデータ・ファイルがあるが，各官庁間で流通しているだけで一般に利用可能なデータベースとしては提供されていない．ただ「法人企業統計」は，全業種を網羅するとはいえ，その調査項目はかならずしも多くはない．通産省の「工業統計表」の企業別の名寄せ集計を行った企業別ファイルや，総理府統計局の「事業所統計調査」のメッシュ表示データなどと結びつけたデータベースに拡張されたならば，効果的なデータベースとなると思われる[1]．

　これらの現時的データベースに対して，著しく開発の遅れているのが，歴史的企業統計データベースである．以下においては，第1部で検討した歴史統計データベースの編成手法の具体例として，われわれの開発した明治28年以降昭和18年までの歴史的企業統計データベース[2]と，その基礎となっている統計調査の実態について検討する．この企業統計データベースは，試験的な試みであり完成したものではないが，企業を中心とした経済活動全体を把握するデータベースに拡張するための結合子の役を果す基準時点の企業の分布構造を示す復元調査と戦後の「有価証券報告書」に対応する主要企業の「営業報告書」の時系列データの両者のデータ・ファイルで構成されている．

2 歴史的企業統計データベース編成の資料源

2-1 日本統計制度史における企業統計の位置

　企業統計の分野は，日本の統計調査制度史のなかでは，最も遅れて発達した分野である．第2部で検討したように，個別経済主体のなかでは，家族・世帯統計は戸籍統計という形で最初に整備され，これに次いで生産主体は工場統計という形で，工場・事業所単位で把握して調査する形態が長期に亘って続いてきた．例えば，「農商務通信規則」での明治17年以来の他計式の表式調査が，明治33年の「工場票」という個票調査の導入，明治42年の「工場統計報告規則」による調査の充実へと発展していく．これに対して会社統計は，同じ「農商務通信規則」の「諸会社」の表式調査に端を発し，「工場票」と同時に「会社票」が，調査に導入されているけれども，統計調査としては，大正14年の農商務省の農林省・商工省への，いわゆる農商分離に伴って，商工省による「会社統計規則」(大正14年10月商工省令12号)でやっと独立した統計調査になるが，調査内容の点では大きな変化もなく，進歩もみられなかった．

　昭和14年のセンサス体系成立の時点でも，工業センサス・商業センサスは会社形態と結びつけて調査されてはいない．日本の経済統計の調査体系のなかで，経済の行為主体の一つである企業という視点から，その活動を生産・配分に亘って綜合的に調査する面は欠落していたといえる．

　このような企業統計調査の立遅れの原因としては，一つには日本の工業生産では，個人経営の1経営者1工場という零細工場が多かったためであるという理解と，日本には会社形態，特に株式会社といっても，それは株式市場に上場されない非上場株が大部分であって，実質的には合資会社，合名会社と差がなく，会社形態をとるのはもっぱら税法上の利益を意識した行為にすぎず，会社形態そのものは成熟していなかったからだという理解とがある．

　これらは，それぞれ日本の会社企業の実態のある側面をついているけれども，実際に工場名簿に従って，同一企業に所属する工場を名寄せ集計をしてみると，

第11表　会社諸調査調査項目対照表

	「農商務通信規則」(明治17年)「商事通信事項」調査項目	「会社統計調査」調査項目	「税務統計台帳」調査項目
商号又は名称	○	○	
会社形態種類		○	○
本　　店	○	○	
主たる業務(営業の種類)	○	○	○
所　在　地	○	○	○
支　　店	○		
所　在　地	○		
設立年月日	○	○	○
資　本　金			
株数	○		
株主組合人員	○		
総額	○	○	○
負　　債			
資本金払込高	○	○	○
準備積立金	○	→○積立金	○
借用金	○		
支払ふべき負債額	○		
負債計	○		
資　　産			
社債		○	○
所有の家屋公債証書実価	○		
貸付金	○		
現在貨物其の他収入すべきもの実価	○		
金銭在高	○		
資産計	○		
利益金(純益金)	○	○	○
(純損金)		○	○
準備積立金	○	→○配当金	○
株主組合割賦金	○		
役員賞与其の他	○		
翌年繰越	○		
前半期株主組合割賦金	○		

大正期ですでに，同一企業のもつ各地の分工場の数は無視できないものになっている．従って，1経営者1工場という企業の零細性という側面から工場を基本調査単位としていたとは考えられない．むしろ当時の調査水準としては，地方分査制統計調査では府県の県境を越えて分布している同一企業に属する工場に関する事項を，企業の本店所在地の府県が十分に調査をなしえなかったということと，これら工場の生産額・労働者数は，府県を通じて農商務省(または後の商工省)が直接監督官庁として掌握することを望んだためであると推定した方が当時の実態に即していよう．特に日本の近代工場は，その出発時点から官営工場の払下げといった政府主導型で作り出されたものが多く，政府が工場の実態を直接的に把握するのは伝統的な形になっていたとすらいえる．工場段階の生産統制に対しては，昭和期の例が示すように積極的であったのに対して，これらの工場を作るために企業が，どのような資本調達を行っているかは，大蔵省の管轄事項として，農商務省などの直接的関心の外であったとも思われる．

大蔵省の所管である各税務監督局・税務署で作成を義務付けている(「税務統計台帳調製規程」明治36年6月29日大蔵省訓令31号)徴税の台帳でもある「税務統計台帳」の会社表の調査項目が，統計調査目的外の調査個票の使用を禁止した商工省の「会社統計調査」の調査項目とほぼ一致していることは，企業経営全般を生産活動と結びつけて調査する意図のなかったことを間接的に示しているといえる[3](第11表参照)．

会社形態，特に株式会社形態が定着していなかったことが，企業統計調査の未発達をもたらしたという解釈も十分説得的とはいわれない．近代的会社形態の導入を試みた明治政府にとっては，その定着の度合と実態については，無関心ではあり得なかったからである．ただその関心を生産活動のように生産統計といった統計調査の形で掌握するよりは，生産に関する直接的指導と育成に対応するものとしては，銀行業・保険業といった分野についてのみは重点的に管理・統制しうるように詳細な営業状態に関する届出調査による実態の調査を行ったと思われる．従って，全業種に亙る統計調査は前記の「会社統計調査」に留ったと見るべきである．

企業統計調査が未発達に終わったのは，むしろ企業に関して求められる情報の特性によると考えられる．生産に関する諸統計と異って企業の経営状態に関する情報は，経済政策を立案する官庁や，学問研究の分野を除くと，集計量によるデータではなく，企業の経営者や，企業への出資者にとっては，個別の企業を特定できる個体情報であることが，他の取引相手の信用状況を知るためにも，また投資先を物色するのにも必要であったのであり，その点では個体情報の匿名性を前提とする統計調査とは異った種類の情報が求められていたといえる．

　これが，他の経済の諸分野と異り，民間団体が独自に「興信録」「信用録」といった企業の信用調査を兼ねた企業一覧的な調査表を明治の中期から刊行する理由になったと思われる．かかる民間調査が可能であったのは，一つには調査対象の数が極めて限られていたからでもある．これに対して「国勢調査」のような人口調査は，企業家にとっても，財貨の需要量を測定するためなどに必要なデータを与えるけれども，民間団体が実施できる規模のものではない．大正9年，第3回全国保険業者大会での「国勢調査実行ニ関スル建議書」に見られるように，民間から政府に調査要求を出して政府が実施するのでなければ実現不可能な種類のものである．

　調査対象を企業体全体に拡張し，生産活動・経営状況・資金調達方式を明らかにした調査である，昭和6年から10年にかけての大都市の「商業調査」「工業調査」が統計調査として実施されたことは，この間の事情を物語っている．

　企業統計調査がこのような状況にあることを前提にして，企業の生産活動・経営状況・資金調達方式の三面に亙るデータベースを編成しようとするならば，実際の統計調査が，業務統計・民間統計を含めて，どのような歴史的変化を辿ったかを検討し，その歴史的企業統計データベースの資料源としての有効性を吟味する必要がある．

2-2　企業のデータ公開度とその精度

　企業統計も，初期の「会社表」調査のように，会社形態・営業目的・創立年月日・資本金額等の簡単な属性だけならば，「国勢調査」の世帯毎の調査に比

べて，調査対象が少いだけ容易である．しかし，世帯の経済活動の詳細は家計簿を記入することによって初めて分析に耐えるデータとして明らかになるのと同様に，企業の経済活動の詳細も，その会社帳簿の記帳があって初めて知ることができる．ただ企業は，個人企業を除いては，利害関係で結ばれた複数の人間の組織であるので，その経済活動の一切は記帳されていることが必要であり，何等かの勘定記帳を行っている．この点は家計簿なしで過せる家計との大きな違いである．明治以降は西欧型の複式簿記を中心とした会計制度が導入されるが，それまでにも，いうまでもなく一応日本なりの勘定記帳方式はあった．けれども勘定記帳のされていることと，統計調査の調査個票に，この帳簿記録に依拠した数値が容易に記入されるということとは別問題である．統計調査の調査項目の概念規定と帳簿記録の概念規定とが完全に対応することは難しく，しかも統計調査の概念規定に合せて再集計するということになると，企業規模が大きく，複雑な会計処理が行われている時には事実上不可能である．標準的な簿記様式が普及する以前は，企業によって記帳方式が大幅に異っていて，そのためますます統一的統計調査を行うのを難しくしている．一方零細な個人企業の場合は，十分な記帳をせず，大福帳程度のものが多かった．企業統計調査史は，従って会計制度史と切り離すことができないといえる[4]．

　統計調査の概念規定に対応する数値が記帳されていたとして，それが正確に報告されるかはまた別の問題である．家計の経済活動の内容は，私的情報保護の観点から，非公開が前提であるけれども，企業データの場合には，企業が自己の経済活動を対外的に顕示するために，公開を希望する部分もあり，その部分については企業の公表意図に副うように，勘定科目の操作が行われる可能性がある．企業が自己の経済活動状況を顕示するのは，株主など企業への出資者，資金供給者に対してであるから，公表を希望する部分は，明治期の用語で「考課状」などと呼ばれた「営業報告書」にも記載されている財務諸表データであり，その内でも損益計算書を構成する売上高・生産高データ，雇用・賃金データといった勘定科目については，企業秘密として公開しない企業の方が多かった．従って，これらの項目を事業所を基本調査単位として調査され集計公表さ

れた「工場統計表」等生産統計調査と組み合せるためには，複数事業所を持つ企業を含めて，事業所規模と企業規模の対応する変換行列を作って，規模別集計量データでミクロ・データ・セットを作る他はない．けれども，集計量データとして作表されている「会社統計表」を「工場統計表」と接合させる，または「労働統計実地調査」と接合させようとしても，「会社統計表」は規模別集計表などの多重集計表を持たないので不可能である．また「工場統計表」「労働統計実地調査」の側では，所有者の事業形態別集計表を持っていない．従って，事業所単位のデータを企業単位のデータに変換するために，個別事業所の識別子と個別企業の識別子を結びつける結合子(linkage)データに相当するリスト・データが必要である．現在の時点では復元調査の手法で行う以外にはデータを得る方法はない．

企業・事業所結合子データは，当時の公開データである「営業報告書」を集積して復元調査したのでは，本来長期保存を目的として発行されるものではない資料であるから資料の入手し易さからいって，現存企業に続く企業は相対的に保存されているのに対し，すでに消滅した企業については入手し難いため，偏りを持つ可能性が大きい．従って，別箇のより網羅性の高い資料を用いることが考えられる．例えば，民間の信用調査用資料を活用して復元調査を行い，特定属性について政府の公表統計書を使用して，その復元の精度を点検するといった手法である．

以下においては，明治期からのこれら歴史的企業統計データベース作成の資料源として活用しうる諸調査について検討してみる．

a)「会社統計表」の形成過程

工場は，物を作る人の居る建物として，物理的外形を持った存在として確定できるけれども，会社は人為的組織体であるだけに，物理的外形を持ったものとして確定するのは難しい．人為的組織体としての会社制度に相当するものは，江戸期から存在していたけれども，その存在が完全に定型化されて社会制度のなかで定着するには法制的定義が明確になる必要がある．

日本における会社制度の発生は，周知のように，明治2年の通商司による為

替会社・通商会社の成立を株式会社の萌芽とする菅野和太郎の説と,国立銀行の成立に求める上田貞次郎の説等がある．これらの論争には立ち入らず,会社に関する統計表の作成された時点に,その出発点を求めるならば,大蔵省統計寮で作成された明治6・7両年の「為替会社金券表」に求めることができる．しかし,これは未公刊稿本大蔵省統計寮『〔第1回〕統計表』(明治8年)記載のものであり,広く刊行されたものとしては,太政官統計院の『第二統計年鑑〔明治14年版〕』(明治16年刊)の第83表「諸会社」(明治14年6月調)をまたなければならない．

これは,全府県の1,803社が,商業・工業・農業・其他の業種別,各府県別に分類集計されている．会社に関する事項は,農商務省の商務局が所管であるので,同局の報告を基礎に作表したと思われるが,調査表式は不明である．大阪・堺等の「勧業通信仮規則」では[5],「諸会社組合等ノ景況」という報告項目があるが,項目だけで,何等の表式を課しているわけではない,従ってどこまで系統的な統計調査を行ったのかは詳らかにしない．

明治16年については,同書に資本金・収入金・支出金・損金・益金の項目の集計表がある．これが何に基いて調査されたものであるかは,これまた詳らかにしない．第2部で詳述したように,「農商務通信規則」(明治16年12月28日付農商務省達21号)の明治17年に定めた「商事通信事項」では,「諸会社(米商会所,株式取引所,国立銀行ヲ除ク)」と題する表で,「農商工業ノ別ナク二人以上資金ヲ合セ損益ヲ共ニスル会社,組合,会所,銀行等」については,先に第11表に示した項目が調査されている．この全国集計表として公刊されているのは,『農商務統計表』と『日本統計年鑑』であるけれども,この両者は,集計されている会社数をとってみても著しい差がある．しかも,調査項目と集計公表項目とは異っており,集計公表項目の方が少ない[6]．これは,この調査項目のすべてを諸会社が解答できるためには,大福帳ではなく,西欧型の勘定様式に基いて決算する慣行が確立していなければならず,明治7年に『帳合之法』と題して福沢諭吉の刊行した簿記書は,数多くの類書の刊行を惹き起したけれども,慣行としてはまだ十分定着していなかったことを示している．

明治19年の「農商務通信事項様式」(同年3月5日農商務省令1号)での「会社部」での農商諸会社表・工業諸会社及製造所表・水運会社表においては，勘定科目としては僅かに資本金・営業収入金・営業支出金(但し，其年中の営業に関するもののみで，興業費は記載しない)にまで減少してしまう．このことは，「工場表」調査での賃金・従業員数等の詳細調査表がすぐ廃止になったのと照応すると思われる．即ち集計するに足るだけの結果表が送付されなかったからと推定される．

明治22年の改正(同年4月14日農商務省訓令26号)で，株式会社については，資本金と払込高とを区別して記載するようになった．その結果として，『農商務統計表』所載の表は，同年からは払込済資本金を資本金と区別して記載することが可能になった．この後明治29年になって，やっと積立金の表示が開始される．

この明治20年代に入って，次第に集計項目が増加するのは，明治22年3月に制定の，通常原始商法と呼ばれる「商法」(法律32号)で「貸借対照表・財産目録・利息又ハ配当金ノ分配案」の作成を，事業年度毎に作ることを義務づけた(32条，200条，218条)ことに示されるように，一般に簿記知識が普及し始めたことの反映である．

b) 商法の施行と調査への会社票の導入

明治23年制定の商法は，明治26年7月1日より「商法施行条令」で実施されることになり，株式会社は定款の認可が必要となった．従って認可業務に伴って，その存在を確実に業務統計として捕捉することが可能となった．定款の認可制に備えて，所管官庁の農商務省は，明治26年6月地方官庁に既存の株式会社の調査(明治26年6月5日農商務省訓令13号)を行い，翌年3月31日現在の状況と合せて『株式会社統計』として7月に公刊した．この統計書は続いて，第4次まで『第二次株式会社統計〔明治27年12月末現在〕』(明治28年9月刊)，『第三次株式会社統計〔明治28年12月末現在〕』(明治29年8月刊)，『第四次株式会社統計〔明治29年12月末現在〕』(明治31年3月刊)として刊行されている．

本統計書には府県別・業種別の会社数(既設・新設の内訳)，資本金・払込済

資本金・未払資本金払込期節の表が得られ，第2次以降は「全国株式会社名鑑」が添付され，名称・場所・資本金・会社目的を記載したリスト型データが得られる．このリスト型データを用いて，府県別・資本金階層別・目的別の多重集計表を作成することは可能であるが，公称資本金でなく払込済資本金に関する情報は得られないので，詳細な企業活動の分析には十分ではない．

この『株式会社統計』は，多重集計表が含まれていない点で，ほぼ同じ頃刊行された『全国工場統計〔表〕』と対照的である．また，この個票調査方式による多重集計表の作成された『全国工場統計〔表〕』の基礎となっている調査個票「工場票」と並んで「会社票」が導入されていたにもかかわらず，その調査結果は『株式会社統計』には活用されないだけでなく，この株式会社以外の会社をも対象とした調査の「会社票」を利用した『全国工場統計〔表〕』に対応する全国集計書は刊行されずに終っている．

この調査の出発点での公表度の低さは，後に独立した統計書である『大正9年会社統計表』(大正11年刊)となっても，業種別・府県別集計表のみという極めて単純な作表形式のものしか公表されないという形で昭和21年廃止されるまで踏襲されていく(例外は，明治16・17年の資本金階層別・営業細目別の表である)．統計表の作表形態が変らなかったのは，調査の基礎になっている調査個票の様式が変らなかったことの反映でもある．この点では，同じ明治27年の「農商務統計報告規則」に基く「工場票」による調査の方は，明治42年の「工場統計報告規則」による調査票の変化と，それ以降の調査項目の拡大といった経過をたどったのと対照的である．「会社票」の場合には，明治27年の様式が，大正14年の農商務省の農林省・商工省の分離に伴い，「会社統計規則」(大正14年10月25日商工省令12号)による独立調査となった時にも変化は見られなかった．集計項目は，大正9年の「会社統計表」以来の資本金・積立金・純益金・配当金・純損金に過ぎない．

このような「会社統計表」の調査票の変化のなさは，一般の企業の間での勘定科目体系の標準化の動きの鈍さの反映ともいえる．明治26年の商法実施以来，銀行・保険・電気・鉄道等は特別法で準則や雛形(表式)を定めていたけれ

ども，一般の商工業企業についてはかかる標準化はなく，法的強制力をもったものではないが，やっと昭和9年の商工省臨時産業合理局「財務諸表準則」で標準的様式を定めたのである．

c) 民間調査の企業データ

政府の手による統計調査の貧弱さに比較して，民間の企業調査は活溌であった．ただこの種の調査は，政府の必要としている情報とは別箇の情報，即ち前述のように株式投資のための情報か自己の取引相手の信用調査のための情報を得るためであり，調査結果も集計量の形で公表されたのでは意味がなく，個別企業の情報が識別可能であることが必要とされている．そのため，調査対象の捕捉率に歪みがあって，大規模企業または主要企業と目されるものの調査に力点があり，復元調査の素材としては網羅性を欠いているものが多い．

この種の民間の企業調査は，大きく分けて，(i)who's who 的な，人名録を兼ねた企業名鑑・興信録の類と，(ii)個別企業の営業報告書を集めたもの，さらに，この個別営業報告書の財務諸表の勘定科目の概念統一を行って，(iii)企業毎の数値と，その集計表とを作成したものに分けられる[7]．

(i)の型のものにも色々あり，編集の比較的容易な特定地域にのみ関したもの，一時点限りのものが各種出版されたことは，現在と変りない．ただ，全国的規模で，しかも長期間継続したものはかならずしも数多くなく，代表的なものとしては，明治26年4月現在を第1回調査として，商業興信所(大阪)の刊行による『日本全国諸会社役員録』(明治26年刊，後『日本全国銀行会社録』として昭和17年度版第50回まで回を重ねる)と，東京興信所による明治30年上期を第1回とする『京浜銀行会社要録』(『銀行会社要録』『全国銀行会社要録』と改題して，回を追って収録地域を増加させ，大正4年版第20回で全国を収録する．昭和16年版で第46回)と，帝国興信所による大正元年7月現在を第1回とする『帝国銀行会社要録』(昭和18年第31版)がある．

これらの多くは，主要企業の財務諸表の摘要表を載せるように拡張されてゆく．

(ii)の型のものを刊行するには，各企業が財務諸表を作成する慣行の定着す

ることが前提である．統計調査として集計量を求めるのであれば，各社の形式が標準化されていることが必要であるが，このように個別企業毎に，その名称を明らかにして個体情報を収録するのであれば，標準化する必要はない．明治26年の商法の一部実施を機会に，明法堂『商業登記会社全集』(明治26年調査，約728社を収録，明治28年刊)，商業興信所(大阪)『日本全国銀行会社資産要覧』(明治29年上期対象調査，355社収録，同年刊)などが刊行され，さらに明治32年の改正商法の制定の直後には，国之礎社編『日本会社銀行録』(竜・虎2巻)(明治32年上/下期対象調査，2,442社収録，明治32/33年刊)，『日本全国銀行会社決算報告全集』(明治33年上期対象調査，186社収録，同年刊)など各種刊行される．

この後明治30年代以降は，採録企業の数にしてもまた収録内容にしても精粗様々なものが刊行されるし，前記のように(i)の資料にも簡単な数値が，財務諸表の摘録として記載されるようになる．この時期の特色は，累年比較表を編集刊行することが始まったことである．例えば，大阪株式取引所『会社総覧』(明治35年上期より大正4年上期まで約140社を収録)，東洋経済新報社『株式会社年鑑』(大正2年下期より12年まで収録)があり，後者は，この後毎年刊行されるようになり，野村商店・大阪屋『株式年鑑』と並んでこの分野の代表的年報となる．このような同一企業についての累年比較表作成という発想の延長の上に，同一時点の異企業の比較可能な勘定科目の統合を行った(iii)の型の調査が作られることになる．(iii)の型の代表としては，昭和3年上期からの三菱経済研究所『本邦事業成績分析〔調査〕』(昭和3年上/5年下以降，昭和6年刊)を挙げることができる．

3 歴史的企業統計データベースのデータ構造

歴史的企業統計データベースとしては，用途によって様々なデータ構造を想定することができる．またこのデータ構造は，データベースに収録する企業の範囲と期間によっても異って来る．しかしこれまでの企業統計調査の不十分な点を，事後的に復元したデータで補うには，次の諸点が考慮される必要がある．

(i)企業の各種属性と事業所を基本報告単位とする各種生産・労働統計とを結びつける結合子としてのリスト・データを作成できること，(ii)この企業属性データを使用して，企業の規模別分布データを作成し，典型調査的手法で抽出され，比較的財務諸表データの公開度の高い企業がこの分布のなかでどのような地位を占めるかを判るようにすることなどである．これらの点を考慮に入れた望ましいデータベースと，実際われわれの作成した実験用データベースのデータ構造を検討する．

データは，個体識別子とその属性データで構成される．個体識別子の与えられる調査単位としては，(i)企業単位，(ii)事業所単位，(iii)個人単位の三つに分けられる．(i)企業単位のうち，財務諸表の詳細データの得られないものは，属性によって集計される匿名個体として最終的には処理される(この財務諸表データを収録する企業の選定は別に検討する)．個人単位のデータは，従業員と企業の役員・出資者に分れる．前者は，事業所単位のファイルに接合し，実質的には，大量情報であるために，匿名情報である集計量の形で事業所の属性の一つとして処理される．臨時雇または時間雇傭として同一人が複数事業所に所属することが原理的には仮定しうるが，この対象時点では重要な問題にはならない．問題点はむしろ，従業員数・賃金水準・職種等の詳細データは，事業所単位の多重分類のデータとしてしか得られず，しかも，これらの事業所の多重分類は，従業員規模・都道府県といった属性分類であり，1企業に所属する事業所が，府県間で分散していることから，両種のデータを接合することが難しいことである．後者の役員・出資者の個人名ファイルは，名寄せ統合が，これも原理的には可能であるけれども[8]，財務諸表詳細データの得られるような比較的大規模企業の企業部分ファイルを使用したとしても，それらに対する少額出資者を含んだ個人名ファイルは，前者の従業員ファイルと同様に極めて大量の情報を処理しなければならなくなる．われわれの実験データでは，計算機容量等の制約で，現在のところ計算機処理ができないので，本実験には繰り込んでいない．従来のこの種の分析としては，業種内の企業毎の出資者の分析か，特定地域の地方名望家層の出資先の分析といった形でなされているけれども，

第3図　企業データベース構成図

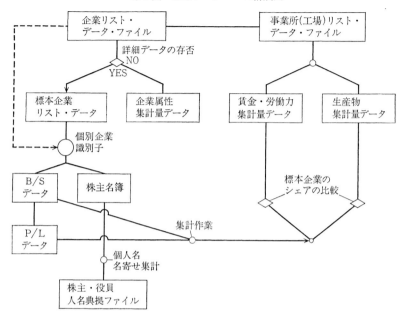

この種の統合された人名ファイルが整備されるならば，資本の地域間流動の動きを含めて，日本経済の資金構造の分析に新たなデータを提供することができると思われる．

　この3種類の個体識別子によって構成されるファイルは，さらに，それぞれの個体の属性データについて記録されている部分ファイルを呼び出すポインタの役割を果すと同時に，個体識別子を持った3種類のファイルの結合子の役割を果す．一方個体の属性は，属性のレコード内容によって分類され検索されることによって，属性別集計量データとして処理することが可能である．実際の実験用データ・ファイルでは，この時の属性に関するインヴァーテッド・ファイルを検索用システムとして作成している．この属性に関するデータの検索用ファイルは，時点間で含んでいる個体を当然異にすることになる．従って，時点毎のこの検索用ファイルの集合は，いわゆる横断面データを配列した時系列データを示すことになる．一方，この企業の個体識別子に注目した，企業毎の

属性データの配列は，ミクロの時系列データを提供する．さらに，属性データの検索用ファイルを，ある特定属性，例えば創立年代で管理するならば，一種のコーホート分析を可能にするファイルが作成される．時系列・横断面プール型データとは異った時系列と横断面分析の結合の分析が可能である．

　第3図で示したデータ・ファイルの構成は，特定時点に関する横断面データであり，このすべてのデータ要素を時系列データとして拡張することができる．この場合には，家系図のようなデータを処理する時と同様に，個体識別子相互の分離・統合が新規参入・消失と並んで発生する．問題は，すべての対象時点毎に，個体識別子毎の属性データを入力するのは，入力コストがかかるだけでなく，ファイル自体が大規模になることである．一つの解決方法は，個体識別子を含んだリスト・データは基準時点にのみ限定し，後は全対象企業については集計量データを入力するという方法である．しかも，この種の実験データ・ファイルは，仮想数値例を使用するのではないから，完成時点の部分データを実験データ・ファイルとして作成することが可能である．実際にわれわれの作成したデータ・ファイルは，銀行業を除く一般産業の会社形態企業について，明治29・33両年の部分的企業リスト・データ，明治41年の企業リスト・データという横断面データと，時系列データとしては，明治38年以降昭和18年までの繊維を除く各種製造業約74社の財務諸表データである．

　リスト・データを基準時点データとすれば，明治41年よりも，会社制度の一応の出発点である，明治27年データを入力し，そのリストから変動企業を加除するという方式も考えられる．株式会社形態以外の企業をも含む網羅的なデータが，資料的に見て得られないことと，工場形態の事業所リスト・データとの突き合せのために，明治41年を使用した．明治29・33の両年については，かならずしも捕捉率は高くないが，簡単であっても財務諸表の得られる企業について，減価償却費制度の定着度を検討するために，部分リスト・データを作成した．この後の第一次世界大戦後の企業の膨張と倒産による変動，関東大震災後の企業の変化，昭和17年以降の戦時統制による統廃合という企業構造の大きな変容は，別な基準時点のリスト・データを作成して吟味しなければなら

ない．かかる企業の復元調査は，実験段階を越えた，より大規模な作業が必要であろう．

今回の実験では銀行業を除いている．これは，銀行業については，『金融事項参考書』(明治26年/31年6月対象調査第1回，明治31年刊)などの比較的精度の高い資料が得られ，戦後には後藤守一などの調査精度の吟味が進んでいるからでもある．このような精度の高い統計が得られるのは，当時から「銀行条令」(明治23年8月25日法律72号)に基き，大蔵省の強い監督を受け，所定の簿記様式で詳細な「営業ノ報告書」を義務づけられていたためと推定される．

1) 「有価証券報告書」に基くデータベースには，この他市販されているものとして野村総合研究所版，試作的なものとして神戸大学経営経済研究所BEICAシステムなどがある．官庁のデータベース開発状況の展望は，松田[1978]参照.
2) このシステムの技術的細部は，松田[1976]の解説を参照．データを処理したLP出力の実例は，Matsuda[1977]に精糖業10社について複写印刷してある．
3) 産業史との関連で，個別企業の財務諸表等各種統計を吟味した例は散見するが，会社統計調査制度史は比較的未開拓の分野である．ここでは矢倉伸太郎の調査をあげておく(矢倉[1977]).
4) 会計制度史は，欧米の会計理論がどのような形で日本に導入されたか(木村[1947]，片野[1968]，久野[1968]，高寺[1974]等々)というだけでなく，会計の慣行がどのような広がりをもって定着したかを明らかにしなければ，完結しない．第二次大戦後については会田[1964]があるが，これをそれ以前に拡張するのは難しい．明治末期にようやく全国的に形を整える高等商業学校制による簿記会計教育の普及の影響は，大正期に持ち越される．これらの点を明らかにするには，太田[1968]に示された断片的事実から，さらに網羅的な会計教育史とその影響の調査が別途必要である．
5) 石山昭次郎所蔵本による．
6) 第2部で示した生産統計と同様に，『[日本帝国]統計年鑑』の資料的価値は今後全面的な再検討が必要である．
7) 書誌的記述の詳細は，高橋益代調査(松田(編)[1976])を参照．
8) 名寄せ実験は，固有名詞の自動同定であり，日本語人名(役員・出資者・株主)のローマ字化で行って見たが，ローマ字読みの翻字規則を設定しても，データの不統一で成功しなかった．漢字の入出力装置が安くなって，大学の研究機関の共同利用計算センターに導入されるまでは，可能な方式は，現在自動車運転免許で実施されている，漢字の読みを一通りに限定する方式である．仮にこの方式で成功したとして，次に問題となるのは同名異人である．筆者の手作業での高額所得者の遷移確率推計のための1,000万円以上の高額所得者の異時点間の名寄せでも発生した．このような大規模ファイルになると，完全には識別不可能である．この時期のデータでは異時点間になると，資産家の襲名による同名異人の処理の必要性が発生するが，この点は未解決であ

る．松田[1961]参照．

　特定業種の株主の地域分布の分析には，明治31年綿紡績64社の分析(山口[1970])がある．同一人の異業種への投資をも解析しなければ，この分析は完結しない．そのためには大規模な名寄せ集計が必要である．株主層の分析としては，伝統的な横断面分析の批判から，平田[1976][1977]が行った特定企業の時系列分析があるが，経営史的分析の他に一国の経済の分析には，かかる横断面分析の拡充が不可欠である．

II 明治41年企業リスト・データ・ファイル

1 一次資料と入力データ様式

われわれの明治41年企業リスト・データは復元調査の手法で作成している. 使用した一次資料は, 大阪の商業興信所の『日本全国諸会社役員録』(第17回, 明治42年刊)と東京興信所の『銀行会社要録』(第13回, 明治43年刊)という二つの信用録データである. 前者は, 第16回までの合名・合資会社については「著名なもの」という採録基準から, 資本金1万円以上という明示的基準に変更になっており, 採録地域は日本全国に亙っている. 後者は, 東京・横浜地区の信用録として出発したため, 京都以西の西日本地区(以下「関西地区」と略称する)[1]を欠くが, ただ会社形態のすべてを網羅している. 従って両データを統合することによって, 日本全国に亙る企業リスト・ファイルを作成することができる(両資料の突き合せの結果の脱漏分の補正は25社に留る).

リスト・データ収録企業数の大要は, 第12表に示される.『日本帝国統計年

第12表 明治41年リスト・データの概要(企業形態別)

企業形態	企業数	平均資本金*	銀行業を含む企業数**
株式会社	4,215	222,492	
相互会社	5	580,400	4,731
株式合資会社	30	374,113	
合資会社	4,072	34,804	4,065
合名会社	2,433	39,876	1,924
有限会社	1	49,000	——
形態不詳	92	719	——
計	10,848***	109,764	10,720

(注) * 株式会社については払込済資本金. ** 『日本帝国統計年鑑』による. *** 資本金不詳1社を除く.

鑑』所収の会社数の表と比べてみても，「関西地区」の小規模合名・合資会社を含まないにもかかわらず，その捕捉率の高いことが示される．

入力データ書式 リスト・データとしては，企業識別子コード番号(これは，工場名リスト・データ，企業名ファイル〔ローマ字化〕，財務諸表データ・ファイルとの結合子になっている)，企業創立年，企業形態種類コード，決算期，役員(株主数・出資者数を含む)・従業員数，資本金(公称・払込済，株数・株価等を含む)，企業営業目的が収録されている．

入力書式は固定長であり，企業属性の変動(新規参入・廃止・統合〔合併〕・社名変更・本社地域変化・設立準備中・国有化・休業など)については，ポインタで別ファイルに接続させる．

外部提供用ファイルについては，一応企業の営業目的を除くデータは，SPSSのファイル様式でデータベース化されている[2]．営業目的の産業区分は，SPSSのデータ構造で処理するには不適当であるので，将来コードの変換を行ってから，この外部提供用ファイルに統合する．

企業識別子は，第二次世界大戦後のデータとの接続を考慮に入れると，何等かの標準コードを使用するのが望ましい．例えば，証券コード協議会の作成した『コードブック』(1973年版)を使用することである．これは2桁の産業業種コード(大中小分類)に2桁の固有コードと1桁の予備コード，全体で5桁の数値であり，固有コードは証券発行会社のコード設定申請順序による．このコードは企業統計データベース用として，将来広く使われる可能性をもっているが，目下活動中の株式会社形態の企業の状態を把握するためのものであり，歴史的に遡及するわれわれのファイルのためには，現在では廃止されている企業のデータの大量追加が必要なだけではなく，合名・合資会社などの番号の追加が必要であり，不適切である．

業種コードをコード番号に組み込むことは，営業報告書(考課状)の総合目録(神戸大学経営分析文献センター『明治～昭和前期営業報告書目録集覧』1970年刊)が使用しているだけに，財務諸表データ・ファイルの典拠ファイルを兼ねて使用することも考えられる．ただ業種の歴史的変遷を考慮に入れると，われわれのファイルのように長期間を採録対象に入れるのには不適切と考えて，地域コードと，地域内企業の通し番号で作成した．地域コードとしては府県段階までである．当初市町村段階まで細分化して，自治省の標準コード表を使用する予定であったが，明治40年代の行政区画と現行行政区画の詳細対照コードを作成する必要があるので，細分化してはいない．

企業形態は，株式会社，相互会社，株式合資会社，合資会社，合名会社，有限会社の6区分である．決算期種類は年1回・2回，その決算は何月かである．

役員等の構成データには，役員人数と，役員を除く使用人人数，株主人数・資本主人数を含む．ただ，役員人数の定義は，企業によってまちまちであり，概念の企業間相互整合性に乏しい．株主人数は，主要株主としてリストされているものを算えて使用したものもあり，大企業でしかも資本が多数の株主に分散しているときは，正確な株主人数を示していないものがあり，株主人数の数に過小評価がある．この点は，個別の営業報告書データにある株主名簿から将来補正することが必要である．

資本金データとしては，資本金と払込済資本金，株式会社はこの他に株数・額面株価である．

企業の産業属性ファイルは，営業目的に示されているものをすべて，4桁のコード表で列挙して編成した．農商務省の会社票による調査では，当初は1業種のみの記載であったが，明治37年9月の様式改正（農商務省訓令11号）で初めて「営業ノ目的ハ其主タルモノ一ニ就キ何々売買若クハ何々製造即チ商工ヲ区別シテ記スヘシ若シ営業ノ目的数個ニシテ主副ヲ区別シ難キトキハ列記スヘシ」として，その営業の複雑な実態に即した調査を試みているが，実際の作表にはかかる属性に関する詳細データは示されていない．従って，従来通り特定1業種に格付けしたものと推定される．われわれのコードでは，商工の区別はつかないが，繊維・食品等の対象品目種類の判るときには，その対象別商工不明のコードで集計しうる．しかし，このコード・データの1次集計では，商工不明の部分の比重が大きく，「工場統計表」の工場名簿を使用しての工場リスト・データ・ファイルを部分的に作成して，突き合せ実験を行った結果では，後の「昭和14年臨時国勢調査」の区分でいうと，製造小売（小売を兼ねた製造）・製造（卸売商にのみ製品を渡す場合）・小売または卸売の区分のなかで，製造小売の比重が高いことを示唆している．この点の詳細な検討は，工場リスト・データ・ファイルを作成することによって可能である．

2 明治末期の日本の企業構造

明治41年の企業リスト・データ・ファイルには，典拠文献の出版時点（明治43年）での創立企業2社を含めて，10,848社の企業が収録されている．この数値で，すでに銀行業を含む政府調査の『日本帝国統計年鑑』の企業数を越えている．「関西地区」が，合名・合資会社については，資本金1万円未満を除いているのに対応させて，非「関西地区」の資本金1万円未満の企業を部分ファイルで作成すると，609社に及んでいる．「関西地区」企業が，全体の株式会

第13表 明治41年存続企業の創立時期

創立年代	企業数*	平均資本金**
−1879	52	528,073
1880–89	264	723,549
1890–99	1,523	182,599
1900–09	6,336	102,061
1910	2	193,750
計	8,177	139,858

(注) * 創立年代不詳企業は除いてある. ** 株式会社については払込済資本金(単位:円).

社企業のなかでは51.9%を占めるのに対し,資本金1万円以上の合名・合資会社のなかでは,36.0%しか占めないことから,「関西地区」がより近代的会社形態で資本を集積し,零細合名・合資会社が少ないという可能性を無視して,1万円以上と同じ比率で存在するとすれば,全国で約950社存在することになり,政府調査のもれはますます大きくなる.

これらの明治41年時点で存続していた企業の創立年次の逐年変化を見ると,原始商法制定の明治23年と,株式会社の定款認可制の明治27年といった制度的ふしめで増加していることが判る.創立年代の記載には,株式会社の場合は,定款認可に伴う登記年次を記載している可能性もある.ただ,農商務省調査で「会社票」を採用した後も,やっと明治37年の「農商務統計様式ノ改正」(同年9月30日農商務省訓令11号)で,「会社ノ設立年月ハ登記事項中ノ設立年月ニ依ル但シ登記法施行以前ノ会社ハ実際設立ノ年月ヲ記載スヘシ」(傍点引用者)と明文規程があり,この記載方式が慣行として行われているとすれば,ほぼ実際設立の年月に相当すると思われる.その集計表を第13表に示す(府県地域別の集計表は付表B参照.本文192ページ).但し創立年代不詳の企業は除いてある.

平均資本金は,中途脱落することのなかったこれらの企業は年と共に資本が蓄積されて来たことを示唆している.これをさらに府県別・企業形態別に見ると,現在の資本集積地域である東京周辺・大阪周辺の他に,静岡・愛知の諸県と同水準に古くから会社形態,特に株式形態で資本を集積している地域に,新

第14表 明治41年企業の資本集積の要因

偏相関係数
  府県番号   0.53455
  企業形態   0.02038
  創立年代   0.06353
多重相関係数 0.53641

	平均値	標準偏差
観測値(Y)	429,203	3,752,575
推定値(X)	429,165	2,012,677

相関係数 0.53631
回帰方程式 $Y = 0.99993 X + 66.37500$
              $X = 0.28765 Y + 305706.625$

データ属性

企業形態	-1879	1880-89	1890-99	1900-09	1910	計
株式会社	27	185	719	2,484	2	3,417
相互会社		1	0	2		3
株式合資会社			2	13		15
合資会社		2	17	42		61
合名会社		2	2	8		12
計	27	190	740	2,549	2	3,508

潟・富山・石川などがある．これらの地域は江戸期以来，北前船によって栄えたところであり，現在の裏日本という発想を無時間的に適用することの危険を示している[3]．

このことは，株主人数の府県別分布でも示される．株主人数の表示には，前述のように留保が必要であり，また地域の資産家が，自己の居住地域の企業にのみ投資するわけではないが，株主数の多い企業が，非「関西地区」部分ファイルでは東京・神奈川・栃木と並んで新潟・富山・石川があることは，この明治末期の日本の資産の分布の地域的傾向を示しているといえる[4]．

この点を与えられたデータの範囲内で，計量的に示すために，林知己夫の数量化理論Ⅰ類を使用して[5]，資本金を府県・企業形態・創立年代の3種類の定性的変数を用いてどの程度説明しうるかを検討した．（創立年代を定性変数としてコード化するのには批判があるかもしれないが，等間隔の時代区分ではな

いので，定性変数としてコード化してある．)推計結果は第14表に示されている．使用した標本数は，これらの属性について欠損値のない企業に限定しているので，3,508社に縮小している．結果的には，府県コードの偏相関係数が最も高く，地域特性が強い影響力があることが知られる．地域特性と比べると偏相関係数は低いが，創立年代・企業形態の順となる．変数のアイテム・カテゴリーに与えられた数値で見ると，合資・合名会社に与えられる数値が高い．この段階で株式会社形態の資本蓄積の他に，戦前の財閥の中核企業は三菱合資・住友合資・三井合名に示されるように，合資・合名会社の形態をとっていることの反映であると思われる．

これらの企業構造の分析の他に，リスト・データ・ファイルから引き出される事実に，株式会社形態の企業について，公称資本金と払込済資本金との乖離の問題がある．周知のように商法の規定では，会社の設立に当って，「第一回払込ノ金額ハ株金ノ四分ノ一ヲ下ルコトヲ得ス」ということであったけれども，払込済資本金の比重が10%以下の企業が全体の15%を占める．また払込済資本金の公称資本金に対する比率〔(払込済資本金)／(公称資本金)〕は，資本金が高くなるほど高くなるが，資本金の小さい範囲での分散が大きくなっていることは，資本金が小さい企業で，資本調達力の小さいことを示している．このことは，慣行的に使用されている公称資本金階層区分の統計表は，企業の実態を示すうえに問題のあることを暗示している．

1) 都道府県標準コードで示すと，26京都から47沖縄までが含まれていない．『日本全国諸会社役員録』で補充した地域には，樺太も含まれてしまうが，便宜上「関西地区」と略称しておく．
2) このデータベースの他に，日本経済統計文献センターで一連の日本長期経済統計のデータベースをSPSSのファイル様式で作成したのに合せたためである．企業統計データベース・システムとしては最終的には，独自のデータベース・システムに組み込む予定である．
3) この頃すでに会社所在地を，主な営業活動を行う土地から大都市に移す傾向が出ている．「会社統計表」による会社所在地による地域経済活動の指標と，「工場統計表」による事業所所在地によるそれとの差の原因の一つはここにある．
4) 解析結果の詳細は，紙幅の関係で別の機会に譲りたい．
5) この解析には，日本版SPSSを使用している．

III 財務諸表データ・ファイル

1 リスト・データと標本データ

　第二次世界大戦前の集計量で得られる企業の財務諸表データは，前述のように詳細になった時点でも，資本金(公称・払込済)・積立金・純益金・配当金・純損金に過ぎなかった．従って，企業の経済活動の分析に必要な資産総額や，その構成内容等を知る手掛りは，個別企業の財務諸表データに依存して再構成しなければならなかった．民間で編集された種々の代表的企業の財務諸表を集めた資料は，その代表性については自明のこととして触れられていない．これらの標本企業が，どの程度の代表性を持っているかを確定することが，リスト・データを経費をかけて復元編成する最大の理由である．ただ，このリスト・データで，簡単な財務諸表数値の得られる企業は約 1,235 社であり，株式会社形態の 2 分の 1 以下に過ぎない．多少ともまとまったデータが収録されている東京興信所『全国銀行会社統計要覧』(明治 37 年上期～明治 45 年上期，全 4 巻，明治 40～大正 3 年刊)で補充することを考えたとしても，これで得られるデータは，約 685 社に過ぎない．財務諸表データ・ファイルとして，財務諸表の各勘定科目に亙って詳細データを収録し得るのは，その内の約 5 分の 1 程度に過ぎない[1]．

　以下においては，この財務諸表データ・ファイルの作成実験で発生した若干の問題点の検討を行う．ここではデータ・ファイル設計上の問題に限定し，このデータを使用しての計量経済学的分析結果に伴う問題の公表は，別の機会に譲りたい．

2 勘定科目概念の会計的慣行と法制的慣行の差

　明治中期以来の「営業報告書」財務諸表を累年比較可能なデータベースに編成する上で最大の障害になるのは，企業が財務諸表作成の際に採用している会計的慣行自体が模索的形成期間が長く，しかもそれが法制的慣行とかならずしも一致せず，企業間・企業内異時点間の両方向で財務諸表作成様式が変動することである．財務諸表データ・ファイルは，かかる会計的慣行の変動状態をも示す資料であると同時に，統一的解釈を施して概念上の整合性をも保つ必要がある．会計的慣行の史的変化の資料としても検討する必要がある．会計的慣行の形成史は，片野一郎等によって試みられ始めたけれども，それ等は先駆的方式の企業の分析を通じて制度の変換点の分析に主力があり，かつて木村重義によって昭和10年代の企業について試みられたような[2]統計的類型の析出ではないからである．会計的慣行の変動の実態を帰納的・統計的に跡付けるには，資料的にまだ十分調査されていないのが現状である．

　明治中期以降，昭和9年の「財務諸表準則」に至る慣行の変化のなかでは，第1に貸借対照表の資産表示の逐年的精緻化がある．特に流動資産は，資産・負債の両面で期末に未計上にしておくという初期の慣行が次第に是正されてきた．これは資産総額の計測に影響を与えるが，これがどの程度であったのかは推測の域を出ない[3]．

　第2のより複雑な問題は，減価償却制と利益金の定義の関係である．資本設備の減耗に応じて減価償却費を設定する慣行は，明治10年「国立銀行報告差出方規則」で「所有物償却」という用語の導入によるといわれている．明治20年代に入っても，この慣行が一般会社にかならずしも普及しなかったのは，税法上法人税が課されないことが，利潤額が粗利潤か純利潤かの算定に経営者が注意を払わなかった原因の一つであると思われる．すなわち明治20年3月19日「所得税法」(勅令5号)では，1カ年300円以上の所得のある個人については所得税を課したが，法人に対しては課税せず，株主の利益配当金は個人所得に加

算されていた．個人企業に対しては，収入金額から，「製造品ノ原質物代価，……修繕料，雇人給料，負債ノ利子及雑費ヲ除キタルモノ」を所得として，この前3カ年の所得平均額に対して課税した．

この所得税法が明治32年2月10日に全面改定となり（法律17号），法人の所得（第1種所得）に対しても課税し，公社債利子収入（第2種所得）には源泉徴集をし，個人所得（第3種所得）はそれとは分離課税されることになった．従って，株主の利益配当金を支払えるかという以外に，第1種所得の算定方式も企業経営者の関心の焦点になってきた．

この第1種所得の算定方式は，各事業年度総益金から，源泉課税の対象である配当金・公債・社債の利子を控除したうえで，総損金を差引くと定義された．この総益金には，前年度繰越金は含めないにもかかわらず，繰越損金の総損金算入を認めないという税務当局の方針は後までの係争点となるが，それよりも大きな係争点は，総損金の内に何を含めるか，特に減価償却費を算入できるかという問題である．明治32年から翌33年にかけて，従来減価償却費制を実施していなかった企業も，減価償却費制を実施して課税所得の減少を図るようになったということを，久野秀男・高寺貞男は，数社の個別企業の営業報告書累年比較から推論している[4]．

この事実が一般的に当てはまる事実かどうかを検討するには，明治29年と明治33年のリスト型データを対比してみる必要がある．この両時点に共通する企業を対象とする財務諸表データ集のなかで，収録企業数の多い編纂資料と

第15表　減価償却費制度の導入状況（明治29・33年）

採用減価償却費制度	明治29年データのみの企業	明治29・33年データの企業		明治33年データのみの企業
		変化なし	33年変化	
会社数	287(100%)	57 (100%)		123(100%)
		42　15		
減価償却費未設定	222(77)	32　3 (61)		86(70)
減価償却費設定	65(23)	10　12 (39)		37(29)
（内）直接法採用		(5)	(9)	

しては，商業興信所(大阪)『日本全国銀行会社資産要覧』(明治29年刊，明治29年上期対象調査，355社収録)と日本全国銀行会社決算報告全集編纂所(東京)『日本全国銀行会社決算報告全集，第1回』(明治33年刊，明治33年上期対象調査，186社収録)の2冊を挙げることができる．ただ版元が違っており，この4ヵ年の間の企業の新設・消滅の結果生ずる変動の他に，編者の違いによる両者の収録企業の相異があり，明治29・33両年のデータのある企業は57社，明治29年のみが287社，明治33年のみが123社である．それぞれの企業の集合のなかでの減価償却費制度の存否の比率は第15表で示される．これから，明治33年に減価償却費制度を導入した企業が増加したことは一応肯定されるであろう．

ただ，減価償却費を費用控除の形で直接法で処理している企業があることは注意を要する．この他にも，減価償却費を計上しないで直接法で処理しているにもかかわらず，費用明細が示されないので，減価償却費制導入なしとして扱っている企業の内にも，導入している可能性がある．

当時の税務当局は，間接法による減価償却費の積立を損金とは認めないにもかかわらず，直接法の場合には，資産の評価減としてみなしうる時は，利益の減少として認めたこともあるからである．資産のいわゆる時価評価主義の帰結である．この後，直接法を認め間接法を否定するのはおかしいと，一連の行政訴訟が起され，船舶等の当時としては巨額の固定資産については認められるようになった．しかし，これも建前としては資産の時価評価減という論理構成によるものである．

また明治39年に鉄道国有化法が成立し，国有鉄道については，減価償却を行わないという官庁会計方式が実施され，その影響により船会社とは異り，鉄道については減価償却費をもうけないところが増加した．これは後に経営・会計学的立場から高瀬壮太郎が鋭く批判した点である．

この税法の不備を是正しようという明治40年来の税法整理案審査会の答申は，明治43年第26回帝国議会で否決され，法的な承認は明治の間は得られなかった．

この後大正期に入り，第一次世界大戦による船成金の発生に伴い，多額の減

価償却費の計上による利益金圧縮の動きが表面化し,大正8年には再び減価償却費を損金算入することを認めない判例が出た.一方では大正9年から10年にかけて,税務当局の内部資料であった資産の耐用年数表が公表され,当局が資産の時価評価減としての損金をどのように考えていたかの根拠がやっと明らかにされた.

他方,昭和3-4年頃から間接法による減価償却費の計上が税務計算上認められ,昭和7年には,商工省が減価償却規則をもうけ,昭和9年には財務諸表準則を定め,ここに減価償却費制度は直接法・間接法を問わず社会的慣行として定着しうるようになった.

3 財務諸表データ・ファイルのデータ構造

財務諸表作成の慣行の歴史的変化を考慮に入れるならば,貸借対照表・損益計算書の両表について,企業の公表したデータ構造を再現しながら,勘定科目の企業間・異時点間比較が可能なように統合・分割可能であるシステムであることがデータベースとしては望ましい.しかも,経済学的分析の利用を考えると,会計学的概念体系を経済学的概念体系にも変換可能であり,第二次世界大戦後の各種財務諸表データベースと比較可能でなければならない.われわれの作成した実験用データ・ファイルの構造は次のようである.

第二次世界大戦前後の勘定科目の比較可能性を保つために,昭和48年のJIS規格案の4桁の数字コードを基本にし,さらに1桁の数字コードを追加し,合計5桁の数字コードで,勘定科目の1科目が示される(以下これを「素原勘定項目」と呼ぶ).また,特定企業の工場名等の固有名詞の処理のために,1桁の英文字コードを補助コードとして使用した.

このシステムでは,勘定科目自体が,素原勘定項目の和・差で定義される変数である.システム処理上は数値コードの和・差の形でそのまま示してある.この勘定科目毎のデータの入力状況を示す一覧表索引は企業毎に第4図のように作られる.これは編集されたマスター・ファイルのデータ構造を示している.

第4図　貸借対照表勘定科目索引表例

```
 21100  ********** NNNNNNNNNN NNNNNNNNNN NNNNNNNNNN NNNNNNNNNN NN*NNNNN** NNNN
 21200  NNNNN***** NNNNNNNNNN NNNNNNNNNN NNNNNNNNNN NNNNNNNNNN NNNNNNNNNN NNNNN
 21600  ********** NNNNNNNNNN NNNNNNNNNN NNNNNNNNNN NNNNNNNNNN NNNNNNNNNN NNNNN
 21620  ********** NNNNNNNNNN NNNNNNNNNN NNNNNNNNNN NNNNNNNNNN NNNNNNNNNN NNNNN
 21640  ********** NNNNNNNNNN NNNNNNNNNN NNNNNNNNNN NNNNNNNNNN NNNNNNNNNN NNNNN
 21730  NNNNNN**NN NNNNNNNNNN NNNNNNNNNN NNNNNNNNNN NNNNNNNNNN NNNNNNNNNN NNNNN
 21800  NNNNNNNNNN NNNNNNNNNN NNNNNNNNNN NNNNNNNNNN NNNNNNNNNN NNNNNNNNNN NNNNN
 22100
   •
 31300  ********** **NNNNNNNN NNNNNNNNNN NNNNNNNNNN NNNNNNNNNN NNNNNNNNNN NNNNN
 22112  NNNNNNNNN* NNNNNNNNNN NNNNNNNNNN NNNNNNNNNN NNNNNNNNNN NNNNNNNNNN NNNNN
 22120  ********** ********** ********** ********** ********** NNNNNNNNNN NNNNN
 22131  ********** ********** ********** ********** ********** NNNNNNNNNN NNNNN
 22191  NNNNN***** NNNNNNNNNN NNNNNNNNNN NNNNNNNNNN NNNNNNNNNN NNNNNNNNNN NNNNN
 23600  NNNNN***** ********** ********** ********** ********** ********** *****
 24210  NNNNN***** NNNNNNNNNN NNNNNNNNNN NNNNNNNNNN NNNNNNNNNN NNNNNNNNNN NNNNN
I 24210  NNNNNNNNNN NNNNNNNNNN NNNNNNNNNN NNNNNNNNNN NNNNNNNNNN NNNNNNNNNN *NNNN
 24930  NNNNNNNNNN NNNNNNNNNN NNNNNNNNNN NNNNNNNNNN NNNNNNNNNN N*N******* *****
 31000  NNNNNNNNNN NNNNNNNNNN NNNNNNNNNN NNNNNNNNNN NNNNNNN*** *NNNNNN NNNN
 31100
   •
 31411  NNNNNNNNNN NNNNN***** ********** ********** ********** ********** *****
 31100  ********** ********** ********** ********** ********** ********** *****
 31411  NNN***NNNN NNNNNNNNNN NNNNNNNNNN NNNNNNNNNN NNNNNNNNNN NN**NNNNNN NNNNN
 41000  ********** ********** ********** ********** ********** N********* *****
 41100  *NNNNNNNNN N********* ********** ********** ********** ********** *****
 42000  ********** ********** ********** ********** ********** ********** *****
 42040  N********* ********** ********** ********** ********** ********** *****
 44100  **NNNNNNNN N********* ********** ********** ********** ********** *****
 46200  NNNNN***** NNNNNNNNNN NNNNNNNNNN NNNNNNNNNN NNNNNNNNNN NNNN****** *****
 44310  NNNNNNNNNN NN******** ********** ********** ********** ********** *****
 44330  NNNNNNNNNN N********* ********** ********** ********** N********* *****
 44410
   •
 44430  *NNNNNNNNN NNNNNNNNNN NNNNNNNNNN NNNNNNNNNN NNNNNNNNNN NNNNNNNNNN NNNNN
 44930  NNNNNNNNNN NNNNNNNNNN NNNNNNNNNN NNNNNNNNNN NNNNNNNNNN NNNNN**NN NNNNN
 45100  *2**NN**ZZZ ********** ********** ********** ********** ********** *****
 45200  ********** ********** ********** ********** ********** ********** *****
 49200  NNNNNNNNNN ********** NNNNNNNNNN NNNNNNNNNN NNNNNNNNNN NNNNNNNNNN NNNNN
 99999
```

　この索引表と同様に，マスター・ファイルからは種々の抽出要約表が編成される．第5図はその一例であって，各素原勘定項目から，JIS規格表の上位3桁，2桁と集計されていく過程を示している．経済学的概念への翻訳システムとしては，設備投資額(土地を除く有形固定資産総額の増分)，在庫投資額，利潤率がある[5]．

　これまで冊子体によるテスト・データを精糖業10社について公表しているが，データベースの供給形態としては，本来的には磁気テープ等の機械可読形態での提供が主体と考えている．いま一つの可能な方法は，COM(computer-output-microfilm)によるマイクロ・フィルム出力である．

　システムの設計過程で発生した問題点としては，戦後の有価証券報告書制度との接合上の諸点がある．株式の発行形態の制度的変化に伴い，無額面株の発行が可能になって，株金と株数の結びつきが切れた．また株金を払込済資本金と未払込資本金に区分することができず，資本金という場合すべて払込済資本金で表示しなければならないが，これはコード変換で処理できる問題である．第2の問題は，資産を物的資産か非物的資産であるかによって区分するのではなく，Keynes的資産概念に立って，資産の流動性の長短で区分することであ

第5図　貸借対照表勘定科目総合要約表例

*** AGGREGATED BALANCE SHEET FORMAT AND DATA ***

(KANJHO KOMOKU CHOSEI)

```
        FIRM CODE,   13-  156- 1.    TIME,S12=1937, 1.    SOURCE BOOK NO, 1.
        FIRM NAME,   DAINIPPON SEITO

*** (ASSETS) ***

*(BST   )  115181476.
    (00000)   51214453.   (01000)   22845684.   (01100)        40865.   (01140)        40865.
                                                (01200)     15477997.   (01200)     15210538.
                                                                        (01210)       267459.
                                                (01300)      1829478.   (01300)      1829478.
                                                (01400)      1327087.   (01400)      1327087.
                                                (01600)      4170257.   (01600)      4170257.
                          (02000)   18243100.   (02200)     14659045.   (02200)     14659045.
                                                (02300)       220399.   (02300)       220399.
                                                (02400)      1363361.   (02410)      1363361.
                                                (02700)      2000295.   (02720)      2000295.
                          (03000)   10125669.   (03600)       992335.   (03600)       992335.
                                                (03700)      1325766.   (03700)       328146.
                                                                        (03730)       997620.
                                                (03800)      7807568.   (03810)      5612385.
                                                                        (03820)      2195183.
    (10000)   60637987.   (11000)   57103638.   (11100)      9245406.   (11100)      8989164.
                                                                        (11130)       256242.
                                                (11300)     14794672.   (11300)     14794672.
                                                (11400)        70317.   (11400)        70317.
                                                (11500)      4952200.
                                                                        (11510)
                                                                          +          4952200.
                                                                        (11530)
                                                (11600)       847219.
                                                                        (11630)       847219.
                                                (11600)
                                                  +           499187.   (11610)
                                                (11900)                   +           499187.
                                                                        (11940)
                                                (11700)     25523698.   (11700)     25523698.
                                                (11800)      1171939.   (11800)      1171939.
                          (19000)    3534349.   (19100)      3534349.   (19140)      3534349.
    (00000)                (03000)                (03500)                (03510)
      +        3329035.     +        3329035.      +         3329035.     +         3329035.
    (10000)                (14000)                (14500)                (14500)


*** (CAPITAL AND DEBTS) ***

    (20000)   26893071.   (21000)   19827504.   (21100)       128968.   (21100)       128968.
                                                (21200)       795909.   (21200)       795909.
                                                (21600)     17878639.   (21600)       730554.
                                                                        (21620)     17073136.
                                                                        (21640)        74949.
                                                (21800)      1023988.   (21800)      1023988.
                          (22000)    7065567.   (22100)      7065567.   (22120)      2532559.
                                                                        (22130)      4533008.
   *(40000)   88288404.  *(41000)   56332500.  *(41000)     56332500.  *(41000)     56332500.
                          (42000)   10178000.   (42000)     10178000.   (42000)     10178000.
                          (44000)   12498596.   (44100)      8205000.   (44100)      8205000.
                                                (44200)      2300000.   (44200)      2300000.
                                                (44300)      1993596.   (44310)      1982869.
                                                                        (44330)        10727.
                          (45000)    9279308.   (45100)      3285447.   (45100)      3285447.
                                                (45200)      5993861.   (45200)      5993861.
```

る．しかし，これを戦前のデータについて当てはめることは，多くの場合実質的に不可能である．第3の問題は，財閥解体に伴い，独占禁止法により持株会社を制度的に禁止したため，企業支配の各種の方法は，各種勘定科目のなかに分散されているが，戦前期の場合は，支配・被支配企業関係の勘定科目は，得意先勘定等の形で一括表示の方が多い．

これらはミクロ・データ・セットとして，この企業データベースを利用する際の問題点である．これらをマクロ・データベースの諸推計値の精度の吟味に使用するには，別箇の問題点が存在する．標本企業の企業数の少なさを抜きにしても，例えば国民所得勘定体系の推計値の吟味には，不可欠の国民経済学的投資概念に相当する，新規生産された投資財の取得による有形固定資産増であるか，他企業の故物資産の取得による増加であるかは，これらの財務諸表データでは識別不可能であるからである[6]．

分析のための理論空間の諸概念構成と，データ空間の諸概念構成との対応を検討するための理論的吟味と，埋もれた資料の発掘によるデータの更新は，データベース・システムの改善と並行して追求しなければならない課題であり，果してどのような解があるかは，事前には判らない仕事であるともいえる．

マスター・ファイルの編集技法 貸借対照表のマスター・ファイルの編集システムは，第6図のフロー・チャートで示される．システムは，データベースの公開利用を前提としてFORTRANを使用して書かれている．そのためプログラム上は，かならずしも効率的処理ではない部分も含んでいる．将来のホスト・コンピューターの変更をまって修正したいと考えている[7]．

原データは，各素原勘定項目の和・差による勘定科目名とデータの数値部で構成されている．勘定科目名の表示も変更するし，約50年間のインフレーションを含む期間であるため，企業の成長を無視したとしても，データの数値部の有効数字の桁数は膨張する．そのためデータは数期間を1ブロックとして，その出発時点と勘定科目名コードと，1期毎のデータ数字で，可変長の入力書式で読み込ませる．従って入力データは，一度文字データとして読み込まれた後，貸方・借方に分けて，各時点毎の勘定科目とデータ数値に配列する（時系列データから一種の横断面データへの変換である）．この後，数値データに変換してマスター・ファイルとする．

このマスター・ファイルから要約表として，時系列データに変換して，勘定科目内容

174

第6図　貸借対照表マスター・ファ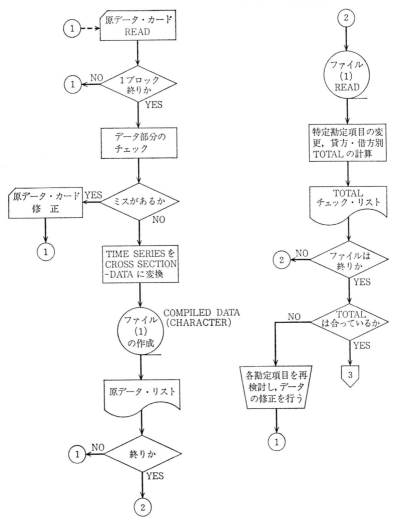

イル作成フロー・チャート

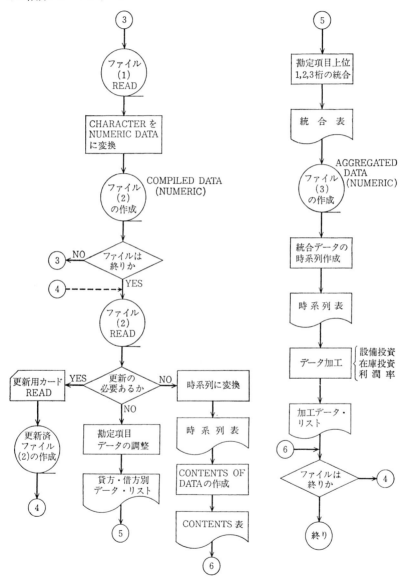

索引表などの表を作成する．

1) 東京税務監督局中村継男が大正6年頃の実状について，東京市内に会社が約1万あり，完全な複式簿記の帳面のあるのが約6,000で，残りはその元帳の記帳すらないと述べている（「所得税と簿記」『簿記世界』23巻8号，1917年．木村〔1977〕の引用による．本論文は藤野正三郎の教示による）．
2) 木村〔1938〕は，昭和12年の繊維(86社)・鉱工業(98社)の184社について，減価償却費と賞与金の処理形式の統計的解析を行っている．
3) この点では，橋本〔1931〕が，こうあるべきであるといういわゆる会計理論書と異って，当時の慣行の変化について記してあるのは注目に値するが，書物の性質からいって印象的・断片的に過ぎることが惜しまれる．
4) 木村〔1960〕の明治30年代中葉の船舶の減価償却費に関する訴訟に求める見解に対し，明治32年の所得税法改正に求める高寺〔1974〕，藤森〔1963〕などの見解がある．これは慣行の成立の時点を求めるのならば統計的解釈に根拠を求める以外にはないと思われる．以下はその試みの一つである．
5) このコード索引によって，勘定科目の細目区分の変動状況を統計的に解析することができる．
6) 篠原〔1961〕で「工業統計表」を使用して提起された問題である．松田〔1965〕に「法人企業統計」を用いての推計とその計量経済学的分析がある．「法人企業統計季報」の累年版の新版(1977)での企業規模表の作表形式の変更を利用して新推計を作成したが，公表は紙幅の関係で別の機会に譲りたい．
7) 松田・野島〔1977〕にプログラムの詳細は記してある．

引用・参考文献目録／付表

I 書誌・文献目録*

* 統計資料については，統計調査名・統計資料名・調査機関の三者について，回次を追っての変遷を記した書誌・目録がなければ十分に識別することは不可能である．しかし本文ではかかる注記を一切省略してある．統計資料の適切な総合目録がない現状では，各種の目録と書誌を積み重ねて代用する他はない．（拙稿「わが国における社会科学分野ドキュメンテーションの現状」『情報管理』17巻6号，1974年9月，参照．）

ここでは，本文の主題との関連で，例示的にのみ記しておく．

細谷新治〔1976/78/74〕，『明治前期日本経済統計解題書誌――富国強兵編』上の一，二，下，一橋大学経済研究所日本経済統計文献センター（統計資料シリーズ，4, 8, 3）．

【調査名・資料名・調査項目・資料の所在を備えた明治17年まで刊本の統計資料の書誌である．】

八巻滋（編）〔1966〕，『府県勧業年報所在目録』一橋大学経済研究所日本経済統計文献センター（特殊文献目録シリーズ，2）．

【所在目録とあるが，内容は「東京地域所在目録」に留るが，「府県統計書」の調査は比較的詳細であるのに対し，「勧業年報」はこの目録以外に十分な調査結果は公表されていないので，特記した．】

日本経済統計資料総合目録編集委員会（編）〔1975〕，『日本経済統計資料総合目録――大正・昭和前期』生産統計，鉱工業・エネルギー産業編，第2次予備版，経済資料協議会．

【近く，「鉱・工業，農林業，流通関係」の3巻に分けて刊行される日本全国約24機関の明治42年～昭和20年を調査対象とした統計資料の総合目録として刊行される．資料名・調査機関の変遷の詳細が判るため利用者の多かった，一橋大学附属図書館統計整備センター『一橋大学所蔵統計資料目録』と合せて活用されることが予想される．全体で18冊の第1次予備版が刊行されており，上記3主題以外の領域を含んでおり，簡略書誌として利用価値がある．】

那須皓（編）〔1937〕，『本邦生活水準研究文献目録』日本国際協会太平洋問題調査部．

大原社会問題研究所（編）〔1949〕，『戦後の家計調査』第一出版株式会社．

【権田〔1933〕と上記との3冊で，家計調査の分野の大要を知ることができる．】

アジア経済研究所〔1973-76〕，『旧植民地関係機関刊行物総合目録』台湾編，朝鮮編，関東州編．

【旧植民地の資料は，日本に残存しているものが少いので，所在が判らなければその効用が半減する．この目録は，調査単位に資料の変遷を調べるには不備であるが，所在調査機関が多い点で有効である．この目録作成時に総合目録調査活動に参加していなかった，北海道大学附属図書館から『北海道大学附属図書館所蔵 旧外地関係資料目録――朝鮮・台湾・満洲（東北）――（明治-昭和20年）』1975年，札幌（秋月俊幸他編）が刊行され，また，調査時点で書庫移動でカード送付のなかった山口大学東亜経済研究所所蔵本は，山口経済専門学校『東亜関係図書目録』1942年で補うことができる．満州については，八巻佳子「「満州国」関係刊行物および「満州」研究の検索方法について」『経済資料研究』8号，1974年，参照．】

朝鮮経済研究所〔1931〕,『朝鮮統計総攬』京城.
  【京城帝国大学の調査・研究の成果であり,調査項目の記載のある書誌.】
一橋大学経済研究所日本経済統計文献センター〔1977-78〕,『統計資料マイクロ・フィルム目録——日本経済統計文献センター所蔵分』2巻(統計資料シリーズ, 6, 9).
  【上記各種目録類に欠けた資料のフィルムが収められている点と,マイクロ・フィルムは,原本からの再撮影を避けるためにも本来私蔵されるべきでないという点から,特に注記した.】

II 統計関係法令集**
  ** 法令集としては,『法規分類大全』『法令全書』が用いられることが多いが,これらは統計表様式の別冊を多くの場合印刷していないので,統計関係法規としては実用的価値が落ちる.この点の配慮のある,比較的利用しやすい統計法規集を数点示しておく.

内閣統計局(編)〔1925〕,『現行・統計法類抄』帝国地方行政学会.
農林省統計課(編)〔1932〕,『明治二年以降農林省統計関係法規輯覧』東京統計協会.
  【農林経済局統計調査部(編)『昭和20年8月以前農林水産統計調査関係法規輯覧』1958年(農林水産統計調査編集資料,編ノ五)として再刷されたときに追加資料が収録されている.】
森数樹(編)〔1935〕,『統計法規』上,叢文閣(実務統計学講座, 19巻).
  【下巻は未刊に終った.】
宗藤圭三・高木秀玄(編)〔1959〕,『主要統計調査法規要覧——統計作成者と利用者のために』啓文社.
行政管理庁行政管理局統計企画課〔1974+〕,『統計法規総覧』中央法規出版.
  【加除式であるが,統計調査史に関心のある者は,除去せずに加えるのみで使用した方が便利であるけれども,実際は一度も加除されずにある.】

III 著書・論文
会田義雄〔1963〕,『会計政策——その実態と限界』中央経済社.
——〔1972〕,『会社財務会計——わが国の実態分析に基づいて』中央経済社.
相原茂・鮫島龍行(編)〔1971〕,『統計日本経済——経済発展を通してみた日本統計史』筑摩書房(経済学全集, 28巻).
青野忠夫〔1978〕,『番号化社会——コンピュータ文明の光と影』日本経済新聞社(日経新書, 289).
江丙坤(Chang Pin-kung)〔1974〕,『台湾地租改正の研究——日本領有初期土地調査事業の本質』東京大学出版会.
江見康一・松田芳郎〔1975〕,「調査機関・調査資料」『体系経済学辞典 改訂新版』(東洋経済新報社)所載.
藤森三男〔1963〕,「減価償却理論の成立——わが国減価償却論の展開」『三田商学研究』6巻3号〔〔慶応義塾大学〕産業研究所シリーズ, 101〕.
福島正夫〔1967〕,『日本資本主義と「家」制度』東京大学出版会(東大社会科学研究叢書, 23).

―― (編)〔1967〕,『「家」制度の研究　資料篇三』東京大学出版会.
――・徳田良治〔1939〕,「明治初年の町村会」『国家学会雑誌』53巻4,5,6号(後に, 明治史料研究連絡会〔1956〕に収録).
古島敏雄〔1952〕,「明治初年における桐生近郊村の農業生産――物産関係史料利用の一例として」『歴史評論』37号.
権田保之助〔1933〕,「本邦家計調査」(高野岩三郎編『本邦社会統計論』改造社〔経済学全集, 52巻〕所収).
後藤誉之助〔1949〕,『九原則に基く経済復興計画の構想』政経資料調査会.
萩原彦三〔1966〕,『朝鮮の土地調査』友邦協会(友邦シリーズ, 1).
――〔1969a〕,『日本統治下における朝鮮の法制』友邦協会(友邦シリーズ, 4).
――〔1969b〕,『朝鮮総督府官制とその行政機構』友邦協会(友邦シリーズ, 15).
浜田宗雄〔1968〕,「統計データの処理, 経済統計における言語」(伊大知良太郎・水田洋・藤川正信(編)〔1968〕所収).
長谷川伸三〔1976〕,「明治初年関東地方における農業生産の地域的特質」1976年10月24日地方史研究協議会大会報告資料.
橋本良平〔1931〕,『貸借対照表科目解説』森山書店.
畑井義隆〔1963〕,「農家人口移動と景気変動――南・小野・並木論争について」『季刊理論経済学』14巻1号(西川俊作(編)〔1971〕所収).
林周三〔1975-77〕,『流通研究入門――その概念と統計』正続, 日本経済新聞社.
平田光弘〔1976〕,「先学の実証研究にみるわが国企業の支配構造に関する実証方法」『ビジネス・レビュー』24巻1号, 1976年6月.
――〔1977〕,「企業の大規模化と株式所有の分散――わが国先学の実証研究の検討」『一橋論叢』78巻4号(10月).
土方成美〔1933〕,『国民所得の構成』日本評論社.
――〔1934〕,「昭和六年に於ける我国国民所得」『経済学論集』〔新〕4巻2号(2月).
平賀健太〔1953〕,「戸籍制度について」(全国連合戸籍事務協議会編『戸籍制度八十年記念論文集――身分法と戸籍』帝国判例法規出版会, 所収).
穂鷹良介〔1975〕,「データベースモデルとユーザインタフェイス」『昭和50年電気四学会連合大会』997-1000ページ.
飯塚浩二〔1950〕,『日本の軍隊』東京大学出版会.
伊大知良太郎・藤川正信〔1968〕,「統計データ一般, 経済統計データの特質」(伊大知良太郎・水田洋・藤川正信(編)〔1968〕所収).
伊大知良太郎・水田洋・藤川正信(編)〔1968〕,『社会科学ドキュメンテーション――その情報特性と利用』丸善.
石南国〔1972〕,『韓国の人口増加の分析』勁草書房.
石田龍次郎〔1966〕,「皇国地誌の編纂――その経緯と思想」『社会学研究』一橋学会, 8号.
伊藤広一(編)〔1968〕,『調査の企画と設計』一粒社(森田優三監修, 統計新書, 1).
加地成雄〔1939〕,「昭和14年臨時国勢調査特異性其の他卑見」『統計学雑誌』637号.

──〔1940〕,「統計調査に於ける資料使用制限規定存在の意義と其の価値に就て」『統計学雑誌』646号.
──〔1944〕,「克敵昭和十九年人口調査襟想」『統計学雑誌』692号.
神谷力〔1976〕,『家と村の法史研究──日本近代法の成立過程』御茶の水書房.
金子敬生・吉田稔(編)〔1969〕,『日本の産業連関』春秋社(日本経済分析叢書).
片野一郎(1968),『日本財務諸表制度の展開』同文館.
経済統計研究会(編)(1976),『社会科学としての統計学──日本における成果と展望』産業統計研究会(『統計学』第30号, 創刊20年記念号).
経済企画庁〔1962〕,経済研究所・国民経済計算調査委員会『国民経済計算調査委員会報告』大蔵省印刷局.
木村重義〔1935〕,「決算報告書の綜合的観察法」『商学討究』〔旧〕10巻中.
──〔1937〕,「株式価格と経営価値」『商学討究』〔旧〕12巻下.
──〔1938〕,「貸借対照表型に就いて」『商学討究』〔旧〕13巻上.
木村巍〔1977〕,「会計思考の発展と所得計算論争──大正年代の論争を中心として」『税務大学校論叢』11号.
木村和三郎〔1947〕,『減価償却研究』森山書店.
──〔1960〕,「日本における会計学の生成発展」(山下勝治・古林喜楽(編)『会計学の発展と課題──平井泰太郎博士記念論文集』所収).
──〔1965〕,『新版・減価償却論』森山書店.
金哲〔1965〕,『韓国の人口と経済』岩波書店.
近藤哲生・塩沢君夫他〔1966〕,「『工業統計表』の利用=分析基準──「大正期」日本資本主義の構造分析の準備作業(1)」〔名古屋大学〕『調査と資料』33号.
──・──他〔1969〕,「『本邦鉱業ノ趨勢』の利用=分析基準──「大正期」日本資本主義の構造分析の準備作業(2)」同上誌40号.
【統計調査史的分析部分は近藤哲生の稿になる.】
古瀬大六〔1972〕,「統計データバンクについて」『商学討究』〔新〕23巻4号.
──(編)〔1972〕,『日本経済統計の地域別実態と信頼度の歴史的研究(昭和初期より大戦前後)』SDA研究会.
──・松田芳郎〔1977〕,「学術情報組織の現状──社会科学の現状」(田中一(編)『学術情報組織化の現状と問題』所収).
久野秀男〔1968〕,『新版 財務諸表制度論──制度の沿革・現状・課題』同文館.
──〔1971-72〕,「日本減価償却生成史の実証研究」(一)-(四)『学習院大経済論集』7巻2号, 8巻1・3号, 9巻2号.
倉林義正〔1971〕,「経済統計の体系化と国民経済計算の体系」『経済研究』22巻1号.
──〔1973〕,『経済データのシステム──構造と分析』日本経済データ開発センター.
呉文聡〔1895〕,「新領地に関する統計意見」『統計学雑誌』109号(呉〔1974〕第2巻に再録).
──〔1917〕,「統計懐旧談」『統計学雑誌』374, 378号(呉〔1974〕第2巻に再録).
──〔1973/74〕,『呉文聡著作集』第1巻, 第2巻, 日本経営史研究所.

――〔1973〕,『呉文聡著作集』第3巻.
　【本巻は,呉建編『呉文聡』大正9年刊の増補再版本(昭和8年刊)に土屋喬雄等の伝記的論考を収録.「細野繁荘氏談――大正9年6月25日」は大正9年刊の初版本に収録されたもの.】
黒崎千晴〔1976〕,「明治前期の日本の都市」(梅村又次・新保博・西川俊作・速水融(編)〔1976〕所収).
丸山博〔1963〕,「統計学者・森鷗外とその周辺」『自然』211号.
松田泰二郎〔1948〕,「国勢調査発達史」(高野岩三郎先生喜寿記念文集編纂委員会(編)〔1948〕所収).
松田芳郎〔1961〕,「個人所得分布構造の変動――昭和29-33年の高額所得の遷移を中心として」『一橋研究』7号.
――〔1962〕,「中国農業生産統計の一吟味――収穫統計法を中心として」(石川滋(編)『中国経済発展の統計的研究Ⅲ』アジア経済研究所〔調査研究報告双書,34〕).
――〔1963〕,「インドの全国標本調査の最近の収穫統計資料」『アジア経済』4巻8号.
――〔1964〕,「北海道工業生産の成長測定試論」『商学討究』〔新〕15巻3号.
――〔1965〕,「資本設備と資本廃棄の企業間格差」『経済研究』16巻3号.
――〔1972〕,「日本経済の計量分析」(山田勇(編)『計量経済学講義』青林書院新社,所収).
――〔1973〕,「KWIC索引を利用した遡及的書誌――社会科学における書誌と図書館」『商学討究』〔新〕24巻2号.
――〔1976〕,「明治中期のいわゆる「勧業」統計の制度と精度」『経済研究』27巻3号.
――(編)〔1976〕,『企業統計データ・ファイル作成の試み』データベース研究会.
――〔1977a〕,「データ構造とデータの理論――経済分析への適用」『一橋論叢』78巻1号.
――〔1977b〕,「日本における旧「植民地」統計調査制度と精度について――センサス統計の形成過程を中心として」『経済研究』28巻4号.
――・野島教之〔1977〕,「企業統計データ・ファイル用プログラムⅠ――財務諸表加工プログラム」『一橋大学経済研究所 プログラム・ライブラリー』8号.
――〔1978〕,「日本の統計情報データベースの現状」『一橋論叢』79巻6号.
松井幸子〔1969〕,「経済統計用語シソーラス作成の基礎調査――農林省「農家経済調査」の場合」『商学討究』〔新〕20巻3号.
――〔1977〕,「書誌情報の共同利用ファイルの作成」『ドクメンテーション研究』27巻4号.
明治史料研究連絡会(編)〔1956〕,『地租改正と地方自治制』御茶の水書房(明治史研究叢書,2).
南亮進・小野旭〔1962〕,「農家人口移動と景気変動との関係についての覚書」『季刊理論経済学』12巻3号.
――・――〔1971〕,「日本の農家人口移動」(西川俊作(編)〔1971〕所収).
美濃部亮吉〔1962〕,『統計におけるしんじつとぎまん』日本生産性本部.
溝口敏行〔1971〕,『経済統計論』東洋経済新報社(経済学入門叢書,8).

――〔1975〕,『台湾・朝鮮の経済成長――物価統計を中心として』岩波書店(一橋大学経済研究叢書, 27).
森敬〔1974〕,「計量経済学とコンピューター」(1)-(3)『情報処理』15巻1-3号.
森岡清美〔1973〕,『家族周期論』培風館.
森田優三〔1944〕,『人口増加の分析』日本評論社.
森田優三・(高津英雄)〔1948〕,「我国人口動態統計前史資料」(高野岩三郎先生喜寿記念文集編纂委員会(編)〔1948〕所収).
村上泰亮〔1975〕,『産業社会の病理』中央公論社(中公叢書).
中村隆英〔1971〕,『戦前期 日本経済成長の分析』岩波書店.
――〔1976〕,「在来産業の規模と構成――大正9年国勢調査を中心に」(梅村又次・新保博・西川俊作・速水融(編)〔1976〕所収).
中村丈夫〔1977〕,『ある戦時日誌』鹿砦社(鹿砦軍事叢書, 4).
日本統計研究所(編)〔1960〕,『日本統計発達史』東京大学出版会.
――〔1962-63〕,『日本統計制度再建史』記述編, 資料編Ⅰ,Ⅱ,Ⅲ.
西川孝治郎〔1964a〕,「簿記史談――明治初期簿記と慶応義塾出身」『産業経理』24巻1号.
――〔1964b〕,「簿記史談――文部省と明治初期簿記」『産業経理』24巻3号.
――〔1964c〕,「簿記史談――学制の頒布と簿記の普及」『産業経理』24巻4号.
――〔1966a〕,「簿記史談――明治初期の簿記ブーム」『産業経理』26巻4号.
――〔1966b〕,「簿記史談――明治中期の簿記学校(1)(2)」『産業経理』26巻5号.
西川俊作(編)〔1971〕,『労働市場』日本経済新聞社(リーディングス・日本経済論).
農業集落研究会〔1977〕,『日本の農業集落』日本農村統計協会.
野村兼太郎〔1949〕,『村明細帳の研究』有斐閣.
尾高煌之助〔1975〕,「日本統治下における朝鮮の労働経済」『経済研究』26巻2号.
小田原登志郎〔1963〕,『統計行政』一粒社.
岡松径〔1911〕,「明治九年以降十年間漫録」『統計学雑誌』301-303号(総理府統計局〔1973〕に再録).
岡崎文規〔1935〕,『国勢調査論』東洋出版社(統計学全集, 11巻).
――〔1950〕,『日本人口の実証的研究』北隆館.
大橋隆憲・髙木秀玄・大屋祐雪(編)〔1973〕,『経済統計』有斐閣(有斐閣双書).
大川一司〔1962〕,『日本経済分析――成長と構造』春秋社.
――・南亮進〔編〕〔1975〕,『近代日本の経済発展――「長期経済統計」による分析』東洋経済新報社.
太田哲三〔1968〕,『近代会計側面誌――会計学の六十年』中央経済社.
大竹美登利・伊藤セツ〔1977〕,「生活時間の分類に関する一考察」『立川短大紀要』10巻.
大屋祐雪〔1966-68〕,「わが国の統計事情」『唯物史観』3, 5, 6号.
佐藤隆三〔1964〕,「経済理論と仮説演繹体系」『科学時代の哲学』2巻, 培風館, 収録.
――〔1965〕,「実証的経済学の方法論について」『経済成長と産業構造』春秋社, 収録.
――〔1977〕,「ラカトスのMSRPと経済学方法論」『社会科学の方法』10巻5-6号.

篠原三代平〔1961〕,『日本経済の成長と循環』創文社(現代経済学叢書).
―〔1969〕,『日本経済論講義』青林書院新社(青林講義シリーズ).
―〔1972〕,『鉱工業』東洋経済新報社(長期経済統計,10).
―・石川滋(編)〔1972〕,『台湾の経済成長――その数量経済的研究』アジア経済出版会(アジア経済研究所参考資料,181).
総理府統計局〔1951〕,『総理府統計局八十年史稿』.
―〔1973/77〕,『総理府統計局百年史資料集成』(守岡隆編),第1巻総記(上),第2巻人口(上).
高松信清〔1975〕,「商業・サービス業の従業上の地位別有業者数」(大川・南〔1975〕所収,544-568ページ).
高野岩三郎先生喜寿記念文集編纂委員会(編)〔1948〕,『インフレーション・統計発達史』(高野岩三郎先生喜寿記念論文集,第1巻).
高田太一〔1934〕,『統計調査』常盤書房(自治行政叢書,2).
高木菊三郎〔1966〕,『日本に於ける地図測量の発達に関する研究』風間書房.
高寺貞男〔1974〕,『明治減価償却史の研究』未来社.
高津英雄〔1955-58〕,「国勢調査前史資料」『統計局研究彙報』6,7,8号.
竹内啓〔1977〕,『統計学と経済学のあいだ』東洋経済新報社.
武内信男〔1942〕,『商工統計読本』国勢社.
田中修〔1963〕,「北海道における工業の発展――その統計的研究」『北海学園経済論集』11号.
友安亮一〔1975〕,『統計調査総論――調査の企画・実施・編成』第一法規.
津村善郎〔1954〕,『標本調査法』岩波書店(岩波全書).
都留重人・大川一司(編)〔1955〕,『日本経済の分析』勁草書房.
梅村又次〔1955〕,「工業の資本係数――「工業調査」を中心として」(都留重人・大川一司(編)〔1955〕所収).
―〔1961〕,『賃金・雇用・農業』大明堂.
―・新保博・西川俊作・速水融(編)〔1976〕,『日本経済の発展――近世から近代へ』日本経済新聞社(数量経済史論集,1).
浦昭二(編)〔1974〕,『データ構造』共立出版(電子計算機基礎講座,6).
上杉正一郎〔1974〕,『経済学と統計』(改訂新版),青木書店.
渡辺龍雄(編)〔1971〕,『データバンク入門』日刊工業新聞社.
綿貫譲治〔1974〕,『社会政治データバンク活動について――附ICPR所蔵データ目録』(上智大学国際関係研究所「調査と資料」4).
矢倉伸太郎〔1977〕,「明治期における会社統計について――官庁統計を中心として」(山田勇(編)〔1977〕所収).
山田勇(編)〔1977〕,『日本における統計制度変遷の研究および統計情報の整合的処理技法の開発』SDA研究会.
山田雄三(編著)〔1956〕,『日本国民所得推計資料』(増補重刷版),東洋経済新報社.
山口和雄〔1963〕,『増補 明治前期経済分析』東京大学出版会.

――〔1970〕〔編〕,『日本産業金融史研究 紡績事業編』東京大学出版会.
山本有造〔1972/75〕,「植民地下朝鮮・台湾の域外収支」『京都大学人文科学研究所人文学報』35, 40号.
安場保吉〔1963/65〕,「戦前の日本における工業統計の信憑性について」『大阪大学経済学』17巻2, 3号.
安田三郎〔1960〕,『社会調査ハンドブック』有斐閣.
――〔1970〕,『社会調査の計画と解析』東京大学出版会.
安川正彬〔1965〕,『人口の経済学』春秋社.
安元稔〔1976〕,「歴史人口学と家族復元」(梅村又次・新保博・西川俊作・速水融(編)〔1976〕所収).
米沢治文〔1945〕,『工業経済統計』第一出版(統計学文庫, 3巻).
行沢健三・前田昇三〔1970〕,『改訂SITC分類による戦前の貿易構造』京都大学経済研究所ミメオグラフ.
――・――〔1978〕,『日本貿易の長期統計』京都, 同朋社出版.

〔Anom〕〔1975〕, "The debate on information privacy," Part 1 & 2, *EDP Analyzer*, vol. 13, no. 11 & 12.
――〔1976〕, "Integrity and security of personal data," *EDP Analyzer*, vol. 14, no. 4.
Abrial, J. R.〔1974〕, "Data Semantics," in Klimbie and Koffeman〔1974〕.
ACM〔1976〕, Special issue: Data-Base Management System, 8-1.
Allais, Maurice〔1968〕, "Economics as a science," *Cahiers Vilfredo Pareto : européene d'histoire des sciences sociales*, no. 16-17.
Anderson, W. H. L.〔1964〕, *Corporate Finance and Fixed Investment, an Econometric Study*.
Bell, Charles G.〔1970〕, "The joys and sorrows of secondary data use," in Bisco〔1970〕.
Berztiss, A. T.〔1975〕, *Data Structures : Theory and practices*, 2nd ed., New York. (Computer Science and Applied Mathematics)
Bisco, R. L. (ed.)〔1970〕, *Data Base, Computers, and Social Sciences*, New York, Wiley-Interscience Publication. (Information Science Series)
Boudon, Raymond〔1971〕, *Les Méthode en sociologie*, Paris, Presses Universitaires de Frances. (Collection Que sais-je ?) (宮島喬訳『社会学の方法』白水社)
Budd, E. C.〔1971〕, "The Creation of Microdata File for Estimating the Size Distribution of Income," *Review of Income and Wealth*, Series 17, no. 4.
――and D. B. Radder〔1975〕, "The Bureau of Economic Analysis and Current Population Survey Size Distributions : some comparisons for 1964," in Smith〔1975〕.
Chipman, John〔1964〕, "On least squares with insufficient observations," *Journal of the American Statistical Association*, vol. 59, no. 307.
Deutsch, Karl W.〔1970〕, "The impact of complex data bases on the social sciences," in Bisco〔1970〕.

Dunn, E. S.[1974], *Social Information Processing and Statistical Systems—Change and Reform*, New York, Wiley-Interscience Publication.

Fei, Sing-nan[1968], "The theoretical implications of multivariate analysis in the behavioral sciences," *Behavioral Sciences*, vol. 13, no. 2.

Feige, Edgar L. and Harold W. Watts[1970], "Protection of privacy through microaggregation," in Bisco[1970].

Fisher, Franklin M.[1960], "On the analysis of history and the interdependence of the social sciences," *Philosophy of Science*, vol. 27.

——[1962], *A Priori Information and Time Series Analysis*, Amsterdam, North Holland.

Friedman, Milton[1953], "The methodology of positive economics," *Essays in Positive Economics*, Chicago. (佐藤隆三・長谷川啓之訳『実証的経済学の方法と展開』富士書房)

Gorgescu-Roegen[1971], *The Entropy Law and the Economic Process*, Cambridge (Mass.), Harvard University Press.

Haavelmo, T.[1944], "Probability approach in econometrics," *Econometrica*, vol. 12, Supplement. (山田勇訳編『計量経済学の確率的接近法』岩波書店)

Hamilton, G. E. and K. I. Smart[1976], *An Indexing and Retrieval Service for Statistics Users : design considerations for a computer-based system*, Loughborough U. P.

Harcourt, G. C.[1977], *The Microeconomic Foundations of Macroeconomics. Proceedings of Conference held by the International Economic Association at S'Agaro, Spain*, Macmillan, London & Basingston.

Hood, W. C.[1948], "Some aspects of the treatment of time in economic theory," *The Canadian Journal of Economics and Political Science*, 14.

Ijiri, Yuji and Herbert A. Simon[1977], *Skew Distributions and the Sizes of Business Firms*, Amsterdam, North Holland. (Studies in Mathematical and Managerial Economics, vol. 24)

Intriligator, Michael D.(ed.)[1971], *Frontiers of Quantitative Economics*, Amsterdam, North Holland. (Papers invited for presentation at the Econometric Society Winter Meetings, New York, 1969)

Jain, Shail[1975], *Size Distribution of Income : a compilation of data*, Washington D. C.

Johnson, Lyle R.[1970], *System Structure in Data, Programs and Computers*, New Jersey, Prentice Hall, Englewood Cliffs.

Johnston, J.[1963], *Econometric Method*, McGraw-Hill. (竹内啓訳『計量経済学の方法』東洋経済新報社)

Katona, G.[1951], *Psychological Analysis of Economic Behavior*, New York, McGraw-Hill.

Kaufmann, A.[1963], *Méthodes et modèles de la recherche opérationnelle*, T. 2, Paris,

Dunod. (国沢清典監訳『グラフの理論』東洋経済新報社)
Kisch, Leslie[1965], *Survey Sampling*, New York, John Wiley & Sons.
Klappholz, K. and J. Agassi[1959], "Methodological prescriptions in economics," *Economica*, N. S., vol. 26, no. 101.
―――[1960], "Rejoinder," *Economica*, N. S., vol. 27, no. 106. cf. T. W. Hutchinson's reply in the same issue.
Klein, Lawrence R.[1962], *An Introduction to Econometrics*, N. J. Prentice Hall, Englewood Cliffs.
Klimbie, J. W. and K. L. Koffeman(ed.)[1974], *Data Base Management : Proceedings of the IFIP Working Conference on Data Base Management*, Amsterdam.
Koopmans, Tjalling C.[1977], "Examples of production relations based on microdata," in Harcourt[1977].
Kuh, E.[1963], *Capital Stock Growth, a Micro-econometric Approach*.
Kurabayashi, Y.[1973], "Use of national accounts as a basis of economic Data System," *Hitotsubashi Journal of Economics*.
―――in collaboration with A. Sugiyama[1974], *Series of GDP by Expenditure for Developing Countries 1958-67*, Tokyo. (Data List Series, no. 2)
―――and Y. Matsuda[1975], "A System approach to the statistics of retail and whole sale trades as micro-data sets." (Mimeo.)
―――and Y. Matsuda[1976], "The Data Base for the Analysis of Non-Profit Private Institutions." (Mimeo.)
―――[1977], *Studies in National Economic Accounting*, Tokyo, Kinokuniya Book-Store. (Collection of National Accounts Studies(1), Economic Research Series, No. 16)
Lakatos, Imre[1970], "Falsification and the methodology of scientific research programmes," in Imre Lakatos and A. E. Musgrave(eds.), *Citizen and the Growth of Knowledge*, London, Cambridge Univ. Press.
Lazarsfeld, Paul F. and Morris Rosenberg(eds.)[1955], *The Language of Social Research*, New York, The Free Press of Glencoe.
Leibenstein, Harvey[1976], *Beyond Economic Man—A new foundation for microeconomics*, Cambridge, Harvard University Press.
Liu, Ta-chung[1960], "Underidentification, structural estimation, and forecasting," *Econometrica*, vol. 28, no. 4.
Lund, Philip J.[1971], *Investment : the study of an economic aggregate*, Edinburgh, Pliver & Boyd.
Matsuda, Y.[1966], *Criterion of Social Economic System*. (unpublished MS)
―――[1967a], *Labour Imputs under Family Farming and Impacts of Socio-Economic Changes on them in Mainland China(1921-43, 1948-60)*. (unpublished mimeo.)
―――[1967b], *Agricultural Production Function and Effects of the Socio-Economic Changes in Mainland China—1931-57, especially on Northern China*. (uupublished

mimeo.)

——and Sachiko Matsui[1975], "Effectiveness of KWIC Index as an information retrieval technique for social sciences," *Hitotsubashi Journal of Economics*, 15-2.

——, Y. Nojima, A. Sugiyama and Y. Terasaki[1977], "Size distribution analysis packaged program and income distribution data base," *Hitotsubashi Journal of Economics*, vol. 17, no. 2.

——[1977], *Historical Statistics of Japanese Firms' Activities—A prelude to compile a data base of balance sheets of sugar manufacturing firms : 1906-43*, in collaboration with N. Nojima and H. Ohi, Tokyo. (Data List Series, no. 3)

Meyer, J. F. and E. Kuh[1957], *Investment Decision, and Empirical Study*, Cambridge (Mass.), Harvard University Press.

Miller, Arthur R.[1971], *The Assault on Privacy : computers, data banks, and dossiers*, Ann Arbor, University of Michigan Press.

Minsky, Marvin(ed.)[1968], *Semantic Information Processing*, Cambridge(Mass.), MIT Press.

Minsky, Naftaly[1976], "International resolution of privacy protection in database systems," *Communications of the ACM*, vol. 19, no. 3.

Mittman, Benjamin and Loraine Borman[1975], *Personalized Data Base Systems*, Los Angels, Melville Publishing Co. (A Wiley-Becker & Hayed Series Book : Information Science Series)

Morgenstern, Oscar[1963], *On the Accuracy of Economic Observations*, 2nd ed., Princeton, Princeton University Press. (『経済観測の科学——経済統計の正確性』法政大学出版局)

Moss, Milton(ed.)[1973], *The Measurement of Economic and Social Performance*, New York, NBER. (Studies in Income and Wealth, 38)

Okner, B. A.[1972], "Constructing a new data base from existing microdata sets : the 1966 Merge File," *Annales of Economic and Social Measurement*, 1-3.

Papandreou, Andreas G.[1958], *Economics as a Science*, Chicago, J. B. Lippincott Co.

——[1963], "Theory construction and empirical meaning in economics," *American Economic Review*, vol. 53, no. 2.

Phillips, Bernard S.[1966], *Social Research : Strategy and Tactics*, New York & London, Macmillan.

Rothman, Stanley[1970], "Protecting Privacy : Pros and Cons," in Bisco[1970].

Rowein, Eugen[1959], "On the 'Methodology of positive economics'," *Quarterly Journal of Economics*, vol. 72, no. 40.

Rowley, J. C. R. and P. K. Trivedi[1975], *Econometrics of Investment*, New York, John Wiley & Sons. (Wiley monographs in applied econometrics)

Rubner, Alex[1970], *Three Sacred Cows of Economics*, London, Macgibbon & Kee.

Ruggles, Nancy D.[1974], *The Role of the Computer in Economic and Social Research in Latin America*, New York, NBER. (A conference of the NBER)

―――, Richard Ruggles, Edward Wolff[1977], *Merging Microdata : rationale, practice and testing.* (unpublished mimeo.)

Salton, G.[1975], *Dynamic Information and Library Processing*, N. J., Englewood Cliffs.

Shackle, G. L. S.[1972], *Epistemics and Economics : a critique of economic doctrine*, Cambridge, Cambridge University Press.

Smith, J. D.[1975], *The Personal Distribution of Income and Wealth*, New York, NBER.

Steinberg, Joseph[1970], "Some aspects of statistical data linkage for individuals," in Bisco[1970].

Steindl, J.[1947], *Small and Big Business, Economic Problems of the Size of Firms*, Oxford, Basil Blackwell. (Institute of Statistics Monograph, no. 1)

―――[1952], *Maturity and Stagnation Capitalism*, Oxford, Basil Blackwell. (Institute of Statistics Monograph, no. 4)

Stigler, George J.[1965], *Essays in the History of Economics*, Chicago, University of Chicago Press.

Westin, Alan F.[1971], *Information Technology in a Democracy*, Cambridge (Mass.), Harvard University Press.

―――and Michael A. Baker[1975], *Databanks, in a Free Society : Computers, Record-keeping and Privacy : Report of the project on computer databanks of the computer science and engineering board*, National Academy of Sciences, Quadrangle/The New York Times Book Co.

付表 A　北海道の産業

		A 道庁統計書	B 勧業年報	田中推計	辺見・松田推計
		明治 37 年			
	織　　　物	349	349		
	製　　　糸	(484)	484+		
(1)	紡 織 工 業 (計)	349	834+	796	834+
(2)	印 刷 製 本 業	[n. a.]	28+	—	28+
	船　　　舶	259[3)]	} 264+		
	諸　機　械	19			
	船 舶 修 繕	(118)	[n. a.]		
(3)	機 械 工 業 (計)	277	264	279	530+
(4)	金 属 工 業[1)]				
(5)	電力・ガス工業	113	103	—	103
	コ ー ク ス				
	セメント(他)				
(6)	窯業・土石業 (計)	456	466	431	466
	罐　　　詰	276	133+		
	ぶ ど う 酒	6	6+		
	製粉・あん	442	442		442
	酒　類(他)				
(7)	食 料 品 工 業 (計)	4,386	4,386+	4,624	4,386+
	[精米工業][2)]	[n. a.]	[n. a.]		[4,455]
	ア ル コ ー ル	250	250+		
	油　　　類	98[4)]	54		
	製　　　紙	92	92+		
	薄 荷 油(他)	173	173		
(8)	化 学 工 業 (計)	760	811	603	774
(9)	製材・木製品	741	741	736	741
(10)	そ　の　他		178	100	211
	総　　　　計	7,082	7,819	7,573	8,073
	(3)の地域別内訳				
	小樽地区	15	[n. a.]		269[5)]+
	函館地区	244	242+		242+
	札幌地区	19	19+		19+

(表注)
1) 銅器・青銅器製造を含む.
2) 第 1 次推計には使用しない.
3) 船舶の他諸機械をも含む.
4) 油カス製造も含む.
5) 北海炭礦鉄道工場の製造額.
6) 土管については不詳(n. a.).
7) 小樽地区の造船諸機械の脱落分を加えてある.

191

別生産額の推計基礎表

明治 42 年				大正 3 年			
C 工場統計表	A 道庁統計書	田中推計	辺見・松田推計	C	A	田中推計	辺見・松田推計
420	423			952	492		
1,459	1,292			1,278	1,350		
1,879	1,715	1,054	1,736	1,767	1,942	1,942	1,767
282	[n. a.]	—	282	410	[n. a.]	[n. a.]	410
273	(22)		232·7)		154		
145	(200)				3,922		
44				484	[n. a.]		814
466	200	200	432+	4,013	4,077	4,077	4,343
69		[n. a.]	69	1,147		[n. a.]	1,147
[n. a.]	(541)	[n. a.]	541	238	(1,781+)		238
195	195				194		
826					135		
1,021	1,176·6)	1,176	1,176	1,614	860	866	1,614
528	3,355						
2,018	7,404	7,869	4,405	5,869	10,830	10,835	6,353
				[274]·8)	[n. a.]		[3,673]
[n. a.]	681						
143	620						
502	501						
1,782	2,094	1,786	2,094	8,153	10,687	13,568	8,153
2,434	645+	673	2,792	3,639	(817+)	846	3,639
35	109	40	48	57	304	205	57
9,989	13,343	12,802	13,575	26,907	28,725	28,729	27,721

8) 精米以外のその他製粉 1,113.

(表記号)
( )内の数字は「道庁統計書」の当該産業の生産額には含まれていないが, 製品別生産額は得られる数値.
+は《もれ》のあることが明記された数値.
—は田中推計で生産額なしの記号.
[n. a.]は田中推計では生産額なしであるが,「道庁統計書」だけでも不詳(n. a.)なはずであるとの記号.

付表 B 明治41年企業リスト・データ府県別・創立年代別表 ［企 業 数（府県内の%）］
　　　　　　　　　　　　　　　　　　　　　　　　　　　　　　　　　　［（年代間の%）全体の%］
(i) 企 業 全 体（但し非株式会社形態は資本金1万円以上）

	1870–1879		1880–1889		1890–1899		1900–1909		合	計
1 北海道	0	(0.0)	4	(1.5)	30	(11.5)	226	(86.9)	260	
	(0.0)	*0.0*	(1.5)	*0.0*	(2.0)	*0.4*	(3.6)	*2.8*		*3.2*
2 青　森	0	(0.0)	1	(2.0)	9	(18.4)	39	(79.6)	49	
	(0.0)	*0.0*	(0.4)	*0.0*	(0.6)	*0.1*	(0.6)	*0.5*		*0.6*
3 岩　手	0	(0.0)	1	(3.2)	0	(0.0)	30	(96.8)	31	
	(0.0)	*0.0*	(0.4)	*0.0*	(0.0)	*0.0*	(0.5)	*0.4*		*0.4*
4 宮　城	0	(0.0)	4	(5.9)	9	(13.2)	55	(80.9)	68	
	(0.0)	*0.0*	(1.5)	*0.0*	(0.6)	*0.1*	(0.9)	*0.7*		*0.8*
5 秋　田	0	(0.0)	3	(4.4)	6	(8.8)	59	(86.8)	68	
	(0.0)	*0.0*	(1.1)	*0.0*	(0.4)	*0.1*	(0.9)	*0.7*		*0.8*
6 山　形	1	(1.3)	2	(2.5)	17	(21.5)	59	(74.7)	79	
	(2.0)	*0.0*	(0.8)	*0.0*	(1.1)	*0.2*	(0.9)	*0.7*		*1.0*
7 福　島	1	(1.1)	2	(2.1)	9	(9.6)	81	(86.2)	93	
	(2.0)	*0.0*	(0.8)	*0.0*	(0.6)	*0.1*	(1.3)	*1.0*		*1.2*
8 茨　城	0	(0.0)	0	(0.0)	7	(11.5)	54	(88.5)	61	
	(0.0)	*0.0*	(0.0)	*0.0*	(0.5)	*0.1*	(0.9)	*0.7*		*0.8*
9 栃　木	1	(0.7)	2	(1.5)	19	(13.9)	115	(83.9)	137	
	(2.0)	*0.0*	(0.8)	*0.0*	(1.3)	*0.2*	(1.8)	*1.4*		*1.7*
10 群　馬	1	(1.5)	1	(1.5)	6	(8.8)	60	(88.2)	68	
	(2.0)	*0.0*	(0.4)	*0.0*	(0.4)	*0.1*	(1.0)	*0.7*		*0.8*
11 埼　玉	0	(0.0)	0	(0.0)	11	(18.6)	48	(81.4)	59	
	(0.0)	*0.0*	(0.0)	*0.0*	(0.7)	*0.1*	(0.8)	*0.6*		*0.7*
12 千　葉	0	(0.0)	2	(4.0)	6	(12.0)	42	(84.0)	50	
	(0.0)	*0.0*	(0.8)	*0.0*	(0.4)	*0.1*	(0.7)	*0.5*		*0.6*
13 東　京	8	(0.8)	23	(2.4)	175	(18.2)	755	(78.6)	961	
	(16.0)	*0.1*	(8.7)	*0.3*	(11.6)	*2.2*	(12.1)	*9.3*		*11.9*
14 神奈川	3	(1.2)	6	(2.5)	52	(21.3)	183	(75.0)	244	
	(6.0)	*0.0*	(2.3)	*0.1*	(3.5)	*0.6*	(2.9)	*2.3*		*3.0*
15 新　潟	1	(0.6)	6	(3.6)	39	(23.2)	121	(72.0)	167	
	(2.0)	*0.0*	(2.3)	*0.1*	(2.6)	*0.5*	(1.9)	*1.5*		*2.1*
16 富　山	0	(0.0)	2	(1.5)	23	(17.0)	110	(81.5)	135	
	(0.0)	*0.0*	(0.8)	*0.0*	(1.5)	*0.3*	(1.8)	*1.4*		*1.7*
17 石　川	1	(1.1)	4	(4.3)	13	(14.1)	74	(80.4)	92	
	(2.0)	*0.0*	(1.5)	*0.0*	(0.9)	*0.2*	(1.2)	*0.9*		*1.1*
18 福　井	1	(1.5)	2	(3.1)	10	(15.4)	52	(80.0)	65	
	(2.0)	*0.0*	(0.8)	*0.0*	(0.7)	*0.1*	(0.8)	*0.6*		*0.8*
19 山　梨	0	(0.0)	1	(1.5)	5	(7.4)	62	(91.2)	68	
	(0.0)	*0.0*	(0.4)	*0.0*	(0.3)	*0.1*	(1.0)	*0.8*		*0.8*
20 長　野	0	(0.0)	1	(0.6)	20	(12.7)	137	(86.7)	158	
	(0.0)	*0.0*	(0.4)	*0.0*	(1.3)	*0.2*	(2.2)	*1.7*		*2.0*

193

	1870 - 1879	1880 - 1889	1890 - 1899	1900 - 1909	合　　計
21 岐　阜	0　(0.0) (0.0)　0.0	1　(1.4) (0.4)　0.0	12　(17.4) (0.8)　0.1	56　(81.2) (0.9)　0.7	69 0.9
22 静　岡	0　(0.0) (0.0)　0.0	5　(2.5) (1.9)　0.1	52　(26.3) (3.5)　0.6	141　(71.2) (2.3)　1.7	198 2.4
23 愛　知	5　(1.6) (10.0)　0.1	6　(1.9) (2.3)　0.1	87　(27.5) (5.8)　1.1	218　(69.0) (3.5)　2.7	316 3.9
24 三　重	0　(0.0) (0.0)　0.0	4　(4.7) (1.5)　0.0	36　(41.9) (2.4)　0.4	46　(53.5) (0.7)　0.6	86 1.1
25 滋　賀	1　(1.9) (2.0)　0.0	5　(9.3) (1.9)　0.1	16　(29.6) (1.1)　0.2	32　(59.3) (0.5)　0.4	54 0.7
26 京　都	2　(0.7) (4.0)　0.0	11　(4.0) (4.2)　0.1	64　(23.0) (4.2)　0.8	201　(72.3) (3.2)　2.5	278 3.4
27 大　阪	4　(0.5) (8.0)　0.0	60　(7.3) (22.7)　0.7	190　(23.2) (12.6)　2.4	564　(68.9) (9.0)　7.0	818 10.1
28 兵　庫	3　(0.4) (6.0)　0.0	28　(3.8) (10.6)　0.3	145　(19.6) (9.6)　1.8	565　(76.2) (9.0)　7.0	741 9.2
29 奈　良	0　(0.0) (0.0)　0.0	2　(3.4) (0.8)　0.0	14　(24.1) (0.9)　0.2	42　(72.4) (0.7)　0.5	58 0.7
30 和歌山	0　(0.0) (0.0)　0.0	4　(3.4) (1.5)　0.0	22　(18.6) (1.5)　0.3	92　(78.0) (1.5)　1.1	118 1.5
31 鳥　取	0　(0.0) (0.0)　0.0	2　(3.7) (0.8)　0.0	10　(18.5) (0.7)　0.1	42　(77.8) (0.7)　0.5	54 0.7
32 島　根	0　(0.0) (0.0)　0.0	4　(3.5) (1.5)　0.0	14　(12.3) (0.9)　0.2	96　(84.2) (1.5)　1.2	114 1.4
33 岡　山	0　(0.0) (0.0)　0.0	6　(2.7) (2.3)　0.1	46　(20.5) (3.1)　0.6	172　(76.8) (2.7)　2.1	224 2.8
34 広　島	0　(0.0) (0.0)　0.0	6　(1.9) (2.3)　0.1	48　(15.3) (3.2)　0.6	259　(82.7) (4.1)　3.2	313 3.9
35 山　口	3　(2.3) (6.0)　0.0	4　(3.0) (1.5)　0.0	18　(13.5) (1.2)　0.2	108　(81.2) (1.7)　1.3	133 1.6
36 徳　島	2　(2.1) (4.0)　0.0	2　(2.1) (0.8)　0.0	12　(12.8) (0.8)　0.1	78　(83.0) (1.2)　1.0	94 1.2
37 香　川	0　(0.0) (0.0)　0.0	7　(3.6) (2.7)　0.1	30　(15.6) (2.0)　0.4	155　(80.7) (2.5)　1.9	192 2.4
38 愛　媛	2　(1.3) (4.0)　0.0	6　(3.8) (2.3)　0.1	38　(24.1) (2.5)　0.5	112　(70.9) (1.8)　1.4	158 2.0
39 高　知	0　(0.0) (0.0)　0.0	0　(0.0) (0.0)　0.0	13　(14.4) (0.9)　0.2	77　(85.6) (1.2)　1.0	90 1.1
40 福　岡	0　(0.0) (0.0)　0.0	11　(3.7) (4.2)　0.1	90　(29.9) (6.0)　1.1	200　(66.4) (3.2)　2.5	301 3.7
41 佐　賀	2　(1.9) (4.0)　0.0	2　(1.9) (0.8)　0.0	23　(21.5) (1.5)　0.3	80　(74.8) (1.3)　1.0	107 1.3
42 長　崎	0　(0.0) (0.0)　0.0	8　(7.5) (3.0)　0.1	13　(12.3) (0.9)　0.2	85　(80.2) (1.4)　1.1	106 1.3

	1870－1879		1880－1889		1890－1899		1900－1909		合　　計	
43 熊　　本	0	(0.0)	2	(2.0)	12	(12.0)	86	(86.0)	100	
	(0.0)	*0.0*	(0.8)	*0.0*	(0.8)	*0.1*	(1.4)	*1.1*		*1.2*
44 大　　分	4	(5.6)	6	(8.3)	20	(27.8)	42	(58.3)	72	
	(8.0)	*0.0*	(2.3)	*0.1*	(1.3)	*0.2*	(0.7)	*0.5*		*0.9*
45 宮　　崎	2	(3.9)	3	(5.9)	4	(7.8)	42	(82.4)	51	
	(4.0)	*0.0*	(1.1)	*0.0*	(0.3)	*0.0*	(0.7)	*0.5*		*0.6*
46 鹿児島	2	(2.7)	2	(2.7)	8	(10.8)	62	(83.8)	74	
	(4.0)	*0.0*	(0.8)	*0.0*	(0.5)	*0.1*	(1.0)	*0.8*		*0.9*
48 樺　　太	0	(0.0)	0	(0.0)	0	(0.0)	5	(100.0)	5	
	(0.0)	*0.0*	(0.0)	*0.0*	(0.0)	*0.0*	(0.1)	*0.1*		*0.1*
51 台　　湾	0	(0.0)	0	(0.0)	2	(2.3)	84	(97.7)	86	
	(0.0)	*0.0*	(0.0)	*0.0*	(0.1)	*0.0*	(1.3)	*1.0*		*1.1*
52 朝　　鮮	0	(0.0)	0	(0.0)	0	(0.0)	154	(100.0)	154	
	(0.0)	*0.0*	(0.0)	*0.0*	(0.0)	*0.0*	(2.5)	*1.9*		*1.9*
53 関東州	0	(0.0)	0	(0.0)	0	(0.0)	3	(100.0)	3	
	(0.0)	*0.0*	(0.0)	*0.0*	(0.0)	*0.0*	(0.0)	*0.0*		*0.0*
55 満　　州	0	(0.0)	0	(0.0)	0	(0.0)	1	(100.0)	1	
	(0.0)	*0.0*	(0.0)	*0.0*	(0.0)	*0.0*	(0.0)	*0.0*		*0.0*
56 中　　国	0	(0.0)	0	(0.0)	1	(100.0)	0	(0.0)	1	
	(0.0)	*0.0*	(0.0)	*0.0*	(0.1)	*0.0*	(0.0)	*0.0*		*0.0*
合　　計	50	*0.6*	264	*3.3*	1,506	*18.6*	6,262	*77.5*	8,082	*100.0*

(ii)　株　式　会　社

	1870－1879		1880－1889		1890－1899		1900－1909		合　　計	
1 北海道	0	(0.0)	4	(3.5)	20	(17.4)	91	(79.1)	115	
	(0.0)	*0.0*	(1.8)	*0.1*	(2.2)	*0.5*	(3.3)	*2.3*		*3.0*
2 青　　森	0	(0.0)	1	(3.6)	6	(21.4)	21	(75.0)	28	
	(0.0)	*0.0*	(0.5)	*0.0*	(0.7)	*0.2*	(0.8)	*0.5*		*0.7*
3 岩　　手	0	(0.0)	0	(0.0)	0	(0.0)	20	(100.0)	20	
	(0.0)	*0.0*	(0.0)	*0.0*	(0.0)	*0.0*	(0.7)	*0.5*		*0.5*
4 宮　　城	0	(0.0)	3	(9.7)	9	(29.0)	19	(61.3)	31	
	(0.0)	*0.0*	(1.4)	*0.1*	(1.0)	*0.2*	(0.7)	*0.5*		*0.8*
5 秋　　田	0	(0.0)	3	(13.6)	2	(9.1)	17	(77.3)	22	
	(0.0)	*0.0*	(1.4)	*0.1*	(0.2)	*0.1*	(0.6)	*0.4*		*0.6*
6 山　　形	1	(2.4)	2	(4.8)	14	(33.3)	25	(59.5)	42	
	(3.0)	*0.0*	(0.9)	*0.1*	(1.6)	*0.4*	(0.9)	*0.6*		*1.1*
7 福　　島	1	(2.4)	0	(0.0)	7	(17.1)	32	(78.0)	40	
	(3.0)	*0.0*	(0.0)	*0.0*	(0.8)	*0.2*	(1.2)	*0.8*		*1.1*
8 茨　　城	0	(0.0)	0	(0.0)	4	(18.2)	18	(81.8)	22	
	(0.0)	*0.0*	(0.0)	*0.0*	(0.4)	*0.1*	(0.7)	*0.5*		*0.6*
9 栃　　木	0	(0.0)	2	(3.6)	6	(10.9)	47	(85.5)	55	
	(0.0)	*0.0*	(0.9)	*0.1*	(0.7)	*0.2*	(1.7)	*1.2*		*1.4*

195

	1870 - 1879	1880 - 1889	1890 - 1899	1900 - 1909	合 計	
10 群　馬	0　(0.0)	1　(2.8)	4　(11.1)	31　(86.1)	36	
	(0.0)　*0.0*	(0.5)　*0.0*	(0.4)　*0.1*	(1.1)　*0.8*		*0.9*
11 埼　玉	0　(0.0)	0　(0.0)	7　(25.0)	21　(75.0)	28	
	(0.0)　*0.0*	(0.0)　*0.0*	(0.8)　*0.2*	(0.8)　*0.5*		*0.7*
12 千　葉	0　(0.0)	2　(8.3)	5　(20.8)	17　(70.8)	24	
	(0.0)　*0.0*	(0.9)　*0.1*	(0.6)　*0.1*	(0.6)　*0.4*		*0.6*
13 東　京	6　(1.6)	18　(4.7)	78　(20.5)	279　(73.2)	381	
	(18.2)　*0.2*	(8.3)　*0.5*	(8.7)　*2.0*	(10.2)　*7.2*		*9.8*
14 神奈川	0　(0.0)	2　(2.3)	24　(27.9)	60　(69.8)	86	
	(0.0)　*0.0*	(0.9)　*0.1*	(2.7)　*0.6*	(2.2)　*1.5*		*2.2*
15 新　潟	1　(1.0)	3　(3.1)	30　(30.6)	63　(64.3)	97	
	(3.0)　*0.0*	(1.4)　*0.1*	(3.3)　*0.8*	(2.3)　*1.6*		*2.5*
16 富　山	0　(0.0)	2　(2.4)	15　(17.6)	68　(80.0)	85	
	(0.0)　*0.0*	(0.9)　*0.1*	(1.7)　*0.4*	(2.5)　*1.8*		*2.2*
17 石　川	1　(1.7)	1　(1.7)	11　(18.6)	46　(78.0)	59	
	(3.0)　*0.0*	(0.5)　*0.0*	(1.2)　*0.3*	(1.7)　*1.2*		*1.5*
18 福　井	1　(2.6)	2　(5.3)	9　(23.7)	26　(68.4)	38	
	(3.0)　*0.0*	(0.9)　*0.1*	(1.0)　*0.2*	(1.0)　*0.7*		*1.0*
19 山　梨	0　(0.0)	1　(2.3)	5　(11.4)	38　(86.4)	44	
	(0.0)　*0.0*	(0.5)　*0.0*	(0.6)　*0.1*	(1.4)　*1.0*		*1.1*
20 長　野	0　(0.0)	1　(1.0)	17　(17.2)	81　(81.8)	99	
	(0.0)　*0.0*	(0.5)　*0.0*	(1.9)　*0.4*	(3.0)　*2.1*		*2.6*
21 岐　阜	0　(0.0)	1　(2.8)	4　(11.1)	31　(86.1)	36	
	(0.0)　*0.0*	(0.5)　*0.0*	(0.4)　*0.1*	(1.1)　*0.8*		*0.9*
22 静　岡	0　(0.0)	2　(1.6)	36　(29.0)	86　(69.4)	124	
	(0.0)　*0.0*	(0.9)　*0.1*	(4.0)　*0.9*	(3.2)　*2.2*		*3.2*
23 愛　知	4　(3.1)	4　(3.1)	45　(35.2)	75　(58.6)	128	
	(12.1)　*0.1*	(1.8)　*0.1*	(5.0)　*1.2*	(2.7)　*1.9*		*3.3*
24 三　重	0　(0.0)	3　(6.1)	27　(55.1)	19　(38.8)	49	
	(0.0)　*0.0*	(1.4)　*0.1*	(3.0)　*0.7*	(0.7)　*0.5*		*1.3*
25 滋　賀	1　(3.4)	5　(17.2)	13　(44.8)	10　(34.5)	29	
	(3.0)　*0.0*	(2.3)　*0.1*	(1.4)　*0.3*	(0.4)　*0.3*		*0.7*
26 京　都	0　(0.0)	9　(7.3)	28　(22.8)	86　(69.9)	123	
	(0.0)　*0.0*	(4.1)　*0.2*	(3.1)　*0.7*	(3.2)　*2.2*		*3.2*
27 大　阪	4　(1.6)	51　(20.2)	89　(35.3)	108　(42.9)	252	
	(12.1)　*0.1*	(23.4)　*1.3*	(9.9)　*2.3*	(4.0)　*2.8*		*6.5*
28 兵　庫	0　(0.0)	26　(6.7)	83　(21.4)	279　(71.9)	388	
	(0.0)　*0.0*	(11.9)　*0.7*	(9.2)　*2.1*	(10.2)　*7.2*		*10.0*
29 奈　良	0　(0.0)	2　(7.1)	14　(50.0)	12　(42.9)	28	
	(0.0)　*0.0*	(0.9)　*0.1*	(1.6)　*0.4*	(0.4)　*0.3*		*0.7*
30 和歌山	0　(0.0)	4　(6.2)	11　(16.9)	50　(76.9)	65	
	(0.0)　*0.0*	(1.8)　*0.1*	(1.2)　*0.3*	(1.8)　*1.3*		*1.7*
31 鳥　取	0　(0.0)	2　(9.1)	2　(9.1)	18　(81.8)	22	
	(0.0)　*0.0*	(0.9)　*0.1*	(0.2)　*0.1*	(0.7)　*0.5*		*0.6*

	1870 - 1879	1880 - 1889	1890 - 1899	1900 - 1909	合　　計	
32 島　根	0　(0.0)	4　(5.9)	12　(17.6)	52　(76.5)	68	
	(0.0)　*0.0*	(1.8)　*0.1*	(1.3)　*0.3*	(1.9)　*1.3*		*1.8*
33 岡　山	0　(0.0)	6　(7.0)	34　(39.5)	46　(53.5)	86	
	(0.0)　*0.0*	(2.8)　*0.2*	(3.8)　*0.9*	(1.7)　*1.2*		*2.2*
34 広　島	0　(0.0)	2　(1.2)	36　(22.0)	126　(76.8)	164	
	(0.0)　*0.0*	(0.9)　*0.1*	(4.0)　*0.9*	(4.6)　*3.2*		*4.2*
35 山　口	1　(1.1)	4　(4.6)	12　(13.8)	70　(80.5)	87	
	(3.0)　*0.0*	(1.8)　*0.1*	(1.3)　*0.3*	(2.6)　*1.8*		*2.2*
36 徳　島	2　(5.9)	2　(5.9)	6　(17.6)	24　(70.6)	34	
	(6.1)　*0.1*	(0.9)　*0.1*	(0.7)　*0.2*	(0.9)　*0.6*		*0.9*
37 香　川	0　(0.0)	7　(5.6)	22　(17.7)	95　(76.6)	124	
	(0.0)　*0.0*	(3.2)　*0.2*	(2.4)　*0.6*	(3.5)　*2.4*		*3.2*
38 愛　媛	2　(2.4)	6　(7.1)	24　(28.6)	52　(61.9)	84	
	(6.1)　*0.1*	(2.8)　*0.2*	(2.7)　*0.6*	(1.9)　*1.3*		*2.2*
39 高　知	0　(0.0)	0　(0.0)	11　(28.9)	27　(71.1)	38	
	(0.0)　*0.0*	(0.0)　*0.0*	(1.2)　*0.3*	(1.0)　*0.7*		*1.0*
40 福　岡	0　(0.0)	9　(4.9)	60　(33.0)	113　(62.1)	182	
	(0.0)　*0.0*	(4.1)　*0.2*	(6.7)　*1.5*	(4.1)　*2.9*		*4.7*
41 佐　賀	0　(0.0)	2　(4.8)	8　(19.0)	32　(76.2)	42	
	(0.0)　*0.0*	(0.9)　*0.1*	(0.9)　*0.2*	(1.2)　*0.8*		*1.1*
42 長　崎	0　(0.0)	6　(10.9)	9　(16.4)	40　(72.7)	55	
	(0.0)　*0.0*	(2.8)　*0.2*	(1.0)　*0.2*	(1.5)　*1.0*		*1.4*
43 熊　本	0　(0.0)	2　(5.0)	10　(25.0)	28　(70.0)	40	
	(0.0)　*0.0*	(0.9)　*0.1*	(1.1)　*0.3*	(1.0)　*0.7*		*1.0*
44 大　分	4　(7.1)	6　(10.7)	20　(35.7)	26　(46.4)	56	
	(12.1)　*0.1*	(2.8)　*0.2*	(2.2)　*0.5*	(1.0)　*0.7*		*1.4*
45 宮　崎	2　(6.1)	3　(9.1)	2　(6.1)	26　(78.8)	33	
	(6.1)　*0.1*	(1.4)　*0.1*	(0.2)　*0.1*	(1.0)　*0.7*		*0.9*
46 鹿児島	2　(5.0)	2　(0.9)	6　(15.0)	30　(75.0)	40	
	(6.1)　*0.1*	(5.0)　*0.1*	(0.7)　*0.2*	(1.1)　*0.8*		*1.0*
48 樺　太	0　(0.0)	0　(0.0)	0　(0.0)	1　(100.0)	1	
	(0.0)　*0.0*	(0.0)　*0.0*	(0.0)　*0.0*	(0.0)　*0.0*		*0.0*
51 台　湾	0　(0.0)	0　(0.0)	2　(5.6)	34　(94.4)	36	
	(0.0)　*0.0*	(0.0)　*0.0*	(0.2)　*0.1*	(1.2)　*0.9*		*0.9*
52 朝　鮮	0　(0.0)	0　(0.0)	0　(0.0)	109　(100.0)	109	
	(0.0)　*0.0*	(0.0)　*0.0*	(0.0)　*0.0*	(4.0)　*2.8*		*2.8*
53 関東州	0　(0.0)	0　(0.0)	0　(0.0)	3　(100.0)	3	
	(0.0)　*0.0*	(0.0)　*0.0*	(0.0)　*0.0*	(0.1)　*0.1*		*0.1*
55 満　州	0　(0.0)	0　(0.0)	0　(0.0)	1　(100.0)	1	
	(0.0)　*0.0*	(0.0)　*0.0*	(0.0)　*0.0*	(0.0)　*0.0*		*0.1*
56 中　国	0　(0.0)	0　(0.0)	1　(100.0)	0　(0.0)	1	
	(0.0)　*0.0*	(0.0)　*0.0*	(0.1)　*0.0*	(0.0)　*0.0*		*0.1*
合　　計	33　*0.9*	218　*5.6*	900　*23.2*	2,728　*70.3*	3,880	*100.0*

■岩波オンデマンドブックス■

一橋大学経済研究叢書 30
データの理論──統計調査のデータ構造の歴史的展開

1978年9月20日　第1刷発行
2017年2月10日　オンデマンド版発行

著　者　　松田芳郎

発行者　　岡本　厚

発行所　　株式会社　岩波書店
　　　　　〒101-8002　東京都千代田区一ツ橋2-5-5
　　　　　電話案内　03-5210-4000
　　　　　http://www.iwanami.co.jp/

印刷／製本・法令印刷

© Yoshiro Matsuda 2017
ISBN 978-4-00-730576-4　Printed in Japan